HEYNE BÜCHER SPHINX

Sergius Golowin

Das Geheimnis der Tiermenschen

Von Vampiren, Nixen, Werwölfen und ähnlichen Geschöpfen

WILHELM HEYNE VERLAG
MÜNCHEN

SPHINX BEI HEYNE
Herausgegeben von Michael Görden
Nr. 13/3025

Umwelthinweis:
Dieses Buch wurde auf
chlor- und säurefreiem Papier gedruckt.

Dieses Buch erschien zuerst 1993 im Sphinx Verlag, Basel

Genehmigte Taschenbuchlizenzausgabe 1998
im Wilhelm Heyne Verlag GmbH & Co. KG, München
Printed in Germany 1998
Umschlaggestaltung: Atelier Bachmann, Reischach
Umschlagabbildung: Archiv für Kunst und Geschichte, Berlin
Technische Betreuung: Sibylle Hartl
Satz: Pinkuin Satz- und Datentechnik, Berlin
Druck und Bindung: Elsnerdruck, Berlin

ISBN 3-453-13288-2

Inhalt

Vorwort

> Auf diesen Volksglauben,
> beziehen sich nun
> die wunderbarsten Sagen.
> Und neuere Poeten
> schöpfen hier die Motive
> ihrer schönsten Dichtungen.
>
> *Heinrich Heine (1853)*

Früh durfte auch ich es entdecken: In der Welt der Sagen um das geheimnisvolle Leben in der Schöpfung gibt es keine Grenzen von Zeit und Raum. Schon als Kind vernahm ich sie unter den letzten Nomaden und den Ziegenhirten und Bergbauern des Alpenlandes: die lebendige Sage um all die tiergestaltigen Bergkobolde und die Wasserfrauen, die an Seen und Bächen ihre Heilkräuter behüten.

Meine nahen Verwandten, die noch an den Ufern des Schwarzen Meers geboren waren, erzählten mir ungefähr die gleichen Geschichten: Sie waren nur noch bunter, ursprünglicher und wurden als wahr empfunden. Ich lernte, daß die Bücher der alten Griechen uns erlauben, diese übereinstimmenden Vorstellungen bis in die graue Urzeit zurückzuverfolgen.

Wie entstanden diese Geschichten, wie werden sie in allen Jahrhunderten wiedergeboren? Der Römer Lukrez, ein erklärter Jünger der griechischen Philosophie, versuchte es uns vernünftig zu erklären: Den herrlichen Gestalten aus den uralten Göttersagen hätten die Vorfahren »ewiges Leben verliehen«. Sie mußten dies tun, weil diese Bilder zu allen Zeiten »unter der gleichen Gestalt den Menschen erscheinen«: Unveränderbar und übereinstimmend waren diese wunderbaren Begegnungen – im Wachen, »häufiger doch noch im Traume«.

Wie diese Geschichten des Lebens in der Natur stattfinden, besingt auch Plato, der König der griechischen Philosophen, in seinen Gedichten. Er schildert unsere Wahrnehmung der Wunder unserer Umwelt, wiederum auf der schmalen Schwelle zwischen Wachen und Schlaf. Er fordert uns auf:

»Wanderer, lege Dich nieder am Fuß der ragenden Fichte. Horch, der Zephyr umspielt ruhelos das schauernde Laub ...«

Wenn der sanfte Abendwind leise weht, vernimmt man deutlicher das Murmeln der Quelle. In dieses mischt sich auf einmal der Klang der Flöte des Ziegengottes Pan, die Syrinx. Jetzt ist auch nach Plato die Stunde, da der Mensch den großen Reigen wahrnimmt: den Tanz, den »mit jungem, blühenden Fuße« die Nymphen vollführen, die die Beschützerinnen der Wälder und reinen Gewässer sind ...

Von wo überall kommen diese Bilder, die das Volk bis heute wie einen Schatz bewahrt? Die unglückliche österreichische Kaiserin Elisabeth (Sissi) erzählte auf der Insel Korfu ein Märchen – sie will es von einer einheimischen Hirtin vernommen haben. Es habe seit Ewigkeiten im Weltraum einen »Stern des Glücks« gegeben: »Wie wunderbar war er! Die Menschen waren auf ihm gleich den lichten Göttern, die Euch (sterblichen Erdbewohnern) die schöpferischen Träume eingaben, sie in weißen Marmor zu verkörpern.« Trümmer dieses Paradies-Sterns, damit auch die Erinnerungen an seine Welt, fielen auf die Inseln im Mittelmeer. Man fühlt dies noch in der ganzen Natur, auch in den im Volk erhaltenen Resten der uralten Kultur: »Hörst du diese Lieder? Fühlst du diese Luft, durchtränkt von der Liebe?«

Wir versuchen ebenfalls, den Liedern und Geschichten nachzugehen, die aus der Welt solcher Ahnungen und Stimmungen entstehen. Wir werden dabei ebenso auf liebenswürdige Träume stoßen wie auf geheim weiterlebende Ängste des Urmenschen. Eines ist sicher: Unser Planet Erde wird uns bei diesen Betrachtungen als immer vielschichtiger, rätselhafter und nie völlig erforschbar erscheinen.

Am Weg des Menschen

Erinnerungen an das Paradies

Bei einem volkstümlichen Kunstmaler sah ich die Reste eines Himmelbettes, anscheinend bemalt von einem Handwerker aus dem Tirol. Die ersten Menschen, Adam und Eva, waren darauf abgebildet, umgeben vom Kreis der sie liebevoll anblickenden Tiere.

Dieses Werk, ungefähr von 1850, zeigt uns, wohin ganz offensichtlich die Menschen in ihren erholsamen Träumen am liebsten »gingen«. Sie glaubten, daß unsere Seele durch die ewig blühende Natur wandert und vom himmlischen Schöpfer selber in die Geheimnisse aller Wesen eingeführt wird: »Wenn man im Schlaf das Paradies schaut, bedeutet dies in den darauffolgenden Tagen Glück und Gesundheit.« Auch dies las ich in einem alten handschriftlichen Traumbuch.

Die Menschen, die so dachten, haben zweifellos in diesem Sinn sämtliche Geschöpfe ihrer Umgebung behandelt. Findet sich nicht in den talmudischen Schriften der Juden eine Überzeugung, die auch eine Meinung der Urchristen wiedergab: »Paradies« ist demnach ein Wort, ein Sinnbild für die ewige »Gnosis«, also das unvergängliche Urwissen: »Des Baumes der Erkenntnis wegen, der dort (im Paradies) steht.«

Die Bewunderung, das Lernen von Tieren ist nach der großen Überlieferung nicht nur das hervorstechende Merkmal des paradiesischen Zeitalters. Die entsprechende Einstellung zu den Wesen in unserem Umkreis zeichnet auch später sämtliche vorzüglichen Menschen, ja ganze Völker aus. Sie näherten sich alle in ihren schöpferischen Zeiten einen Schritt dem

Garten Eden und seinen vielfältigen Bewohnern: Dies bewirkte, daß der Mensch, wenn er sich an diese Kulturen erinnert, auf seine lange Geschichte berechtigten Stolz zu empfinden vermag.

Wiederum nach den jüdischen Überlieferungen umgab der ägyptische Pharao seinen Herrschersitz mit wilden Löwen. Nur derjenige vermochte ihm also zu nahen, der durch Magie die Zuneigung der tierischen Wüstenkönige erwarb. Doch Moses konnte, dank dem besonderen Schutz des Schöpfers, ungehindert durch die unbestechlichen Wächter gelangen. Sie näherten sich ihm sogar voll Zärtlichkeit, ganz als wären sie alle freundliche Miezekätzchen: Hängt die Tatsache, daß das Königsgeschlecht Juda einen Löwen als stolzes Sinnbild besaß, irgendwie mit solchen Sagen aus der Frühgeschichte zusammen?

Es gibt aus dem 15. Jahrhundert ein einzigartiges Gemälde des vorbildlichen Menschen David, der vom tierfreundlichen Hirten zum glänzenden König emporstieg. Er spielt seine Harfe in einer Landschaft, die uns wiederum an den Garten Eden erinnert. Es ist ein grüner Wald. Nur Tiere, ein Hirschrudel und ein Hase, sind die aufmerksamen Zeugen und Zuhörer seiner hohen Kunst.

Meiner Großmutter verdanke ich die Volkslegende von Odessa am Schwarzen Meer: »David und Salomo gelten auch als Vorbilder christlicher und islamischer Könige. Dies, weil sie nicht nur zu den Menschen und ihren Reichen schauten. Sie sorgten auch für das zahme und wilde Getier.«

Auch die Griechen, deren Leistungen an der Wiege von Europa standen, begannen ihre glänzende Geschichte mit dem großen Helden und Sänger Orpheus. Er soll das Wesen der Schöpfung verstanden haben! Noch lange wurde eine Reihe von Weisheiten einer heiligen, »orphischen« Naturwissenschaft auf ihn zurückgeführt. Er soll die Geheimnisse der Gestirne verstanden haben und damit die Kräfte, die im Leben aller Tiere sichtbar werden: Die Kunstwerke zeigen ihn häufig im Kreis der Geschöpfe aus Wald und Flur. Durch die himmlischen Töne, die er seiner Harfe entlockt, versinken sie alle in den Zustand der Seligkeit. Die frühen Christen sahen hier geradezu ein Bild, das bereits ihren Heiland verkündete und pries.

Teilweise auf den sagenhaften Orpheus, den die Tiere der Waldberge ebenso liebten wie die hohen Götter, führten die Griechen bekanntlich ihre »Mysterien« zurück. Die Menschen, die hier in die überlieferten Geheimnisse eingeführt wurden, mußten darüber ein tiefes Schweigen bewahren. Dies taten sie auch! Kaum, weil hier Dinge geschahen, derer man sich irgendwie zu schämen brauchte: Diejenigen, die sie nicht nach langen Vorbereitungen selber mitmachten, hätten die Berichte der »Eingeweihten« niemals richtig zu begreifen vermocht.

Wir haben freilich genügend Nachrichten, die uns ein Bild dieser Feste vermitteln, weil vor allem durch sie die vielfältigen griechischen Stämme zu einer gewaltigen Einheit verschmolzen wurden. Man versammelte sich an reizvollen, von zahllosen Sagen umgebenen Orten zu bestimmten Jahreszeiten. Fasten, Meditation, Vortrag von Tanz und Musik taten das ihre. Geschickt wurde das Lichtspiel der wirklichen Gestirne durch künstliche Quellen ergänzt: Was die Griechen aus ihren vollkommenen Dichtungen kannten, erlebten sie nun in Wirklichkeit.

Waren sie Zuschauer und sogar Teilnehmer sehr lebendiger Schauspiele? Wurden sie, wie etwa der große Elsässer Edouard Schuré so geschickt schilderte, Zeugen von wahrhaft magischen Erscheinungen? Blickten ihre verzauberten Sinne in andere Welten, auf die Astralebene der uralten griechisch-ägyptischen Geheimlehren? Also in strahlende Reiche hinein, die sonst kein irdisches Auge erforschen kann? Man hat ganze Bibliotheken darüber geschrieben ... Doch im Gegensatz zu den Spätgeborenen, die sich darüber die Köpfe zerbrachen, war den Griechen selber dies wohl meistens gleichgültig: Sie sahen im Wachen oder Traum den Reigen all ihrer Bockskobolde und Wassernixen, die vielbesungenen

Verwandlungen (Metamorphosen) der Tiere, Menschen und Götter. Sie hielten von nun an durch solche gemeinsamen Erlebnisse ihr eigenes Wesen für unsterblich: Dadurch wurde ihnen auch ihre irdische Umwelt zur spannenden Bühne von endlosen Märchen und Wundern.

Die Sage vom griechischen Weisen, der am hellichten Tage mit einer brennenden Lampe durch die Stadt Athen eilt, überlebte die Jahrtausende. Wir sehen ihn noch heute auf den uralten Karten des Tarot oder Tarock, dessen Sinnbilder vor allem die Zigeuner zum Wahrsagen und Geschichtenerzählen brauchen. Sie kennen noch aus mündlicher Tradition die Antwort, die der Weise all denen gab, die ihn nach der Ursache seines »närrischen« Treibens fragten:«Ich suche in der Menge den Menschen und finde ihn nicht.«

Die Erklärung, die man noch immer hören und nachlesen kann, ist einfach. »Die Tiere sind auch in uns.« Wenn wir sie verleugnen, uns über sie erhaben fühlen, werden wir zu Opfern ihrer Triebe. Sie sind trotz all ihrer Unterdrückung da, so lange wir auch Kinder von Mutter Erde sind. Wie es etwa Friedrich Schiller, der die Weisheit der Griechen so sehr liebte, ausdrückte: Wir rühmen uns unserer Vernunft, doch wir brauchen sie allein, um tierischer als jedes Tier zu sein.

Die Liebe zu den Tieren und die zahllosen Märchen um die Tiermenschen dienten den Alten, das Wesen der Schöpfung um sich herum und auch in sich selber besser zu begreifen. Das galt als der dornige und gleichzeitig spannende Weg zum »Erkenne dich selbst«. Erst dadurch sollte das wirklich Menschliche, unser Geist, in seiner Gesamtheit voll lebendig werden: Dies äußerte sich im Erwachen der bewußten Bewunderung zum Kunstwerk Welt. Damit auch als Liebe zu den Wesen, die sie mit uns gemeinsam bewohnen.

Die Griechen versuchten unsere Erde bewußt zu erforschen. Gleichzeitig gaben sie sich ihren tiefsten Gefühlen hin. Ihre Kultur mit den wunderbaren Sagen, über die auch ihre größten Philosophen und Naturwissenschaftler großzügige Gedanken entwickelten, bezogen sie aus allen Windrichtungen.

Sie verschmolzen Ägyptisches, Afrikanisches, Skythisches, Etruskisches zu einem Weltbild, das keine Grenzen für den Gedanken kennt. Sie trugen es dann mit ihrer Kunst durch das ganze Mittelmeer und das Schwarze Meer. So wurde aus diesem Großgriechenland unser Europa geboren! Sogar das Wort selber entstammt dem Kreis dieser griechischen Überlieferung: Es ist der Name einer schönen Nymphe, die sich mit dem verliebten Gewittergott Zeus (oder Jupiter) verbindet. Er nimmt die Gestalt eines Stieres an – also eines der wunderbaren »Tiermenschen«, von denen die erhaltenen Dichtungen von Homer bis Ovid nur so wimmeln.

Wenn das Abendland im Laufe ganzer Jahrtausende wiederholt das gemeinsame Gefühl empfand, sich in einer peinlichen Sackgasse zu befinden, wandte es sich immer zu diesen Grundlagen. Alle geistigen Richtungen taten dies, auf unzählige, widersprüchliche und wunderbare Arten. Mittelalterliche Liebesdichter und Alchimisten, der große Naturforscher Paracelsus und die Rosenkreuzer des 17. bis 18. Jahrhunderts, Philosophen und Dichter, Kunstmaler und Bildhauer.

Heinrich Heine hat in seinem Werk »Götter im Exil« (1853) gezeigt, wie von den einstigen Rittern bis zu den romantischen Poeten die Menschen die alten Ruinen südlich der Alpenketten aufsuchten. Sie entdeckten in ihnen, fast völlig überwachsen, die Bilder der Waldgöttinnen und des Pan, des Beschützers der Tiere. Unter den Flügelschlägen der Eulen und Fledermäuse versanken sie in Schlaf: In diesem Zustand erwachte in ihnen die Pracht der Kulturen, die einst ihre Beziehung zur Natur zu bewahren wußten.

Im Traumreich der Jahrmärkte

Ohne den Auftritt der geheimnisvollen Tiermenschen war früher nicht einmal ein ländlicher Jahrmarkt »richtig«. Mit den unglaublichen Geschöpfen, die sie vorführten, gaben sich gerade die Schausteller einen geheimnisvollen Adel: Sie deuteten gerne an, daß sie aus Ägypten oder Indien stammten, den Ursprungsländern aller Wunder und Völkerwanderungen. Die neue Forschung hat dies immerhin in dem Sinn bestätigt, daß sie die Fachsprachen solcher von Markt zu Markt ziehenden Familien untersuchte: Wir finden in diesen noch immer eine Unzahl von Roma-Worten, also von Ausdrücken, die die Zigeunerstämme von Indien her mitbrachten. Auch aus dem Hebräisch-Jiddischen, der in Osteuropa früher so verbreiteten Mundart, stammen viele der benutzten Redewendungen.

Lovecraft (1890–1937) deutet an, daß die Wachsfiguren und die dazu erzählten Märchen der Schausteller ihn zu seinen Gruselgeschichten anregten. Wir finden etwa in der Erzählung »Grauen im Museum«: »Einige davon (der Darstellungen in der Sammlung eines solchen Mannes, S. G.) waren Gestalten eines bekannten Mythos – Gorgonen, Chimären, Drachen, Zyklopen und all ihre schauderhaften Gattungsgenossen.« Wie wir erkennen: Das Volk hat in den letzten Jahrhunderten aus solchen abenteuerlichen Sammlungen noch mehr über die Tiermenschen der Sagen erfahren als etwa aus den Raritäten und Museen der alten Naturwissenschaftler. Die altgriechischen und mittelalterlichen Wundergeschöpfe feierten dank solcher Volksunterhalter eine jährliche Auferstehung.

Viele der ältesten Drucke, die wir aus der Renaissance besitzen, sind Flugblätter. Das Fahrende Volk vertrieb sie unter den Gaffern: Erschreckende Holzschnitte zeigen auf ihnen wunderbare Geschöpfe. Hans Zulliger, der bernische Sagensammler und Psychologe, vermutete in einem Gespräch: »Man muß sich nun vorstellen, daß die Besucher des Jahrmarkts recht berauscht heimwankten. Sie wanderten durch Nacht und Nebel, und ihr Geist war voll von ungewohnten Bildern. Diese wurden in ihren Wachträumen für sie Wirklichkeit.«

Einige der liebsten Ausstellungswunder der Jahrmärkte waren zweifellos Menschen, die wir in der Regel Mißgeburten nennen. Wir erinnern an die berühmten »Haarmenschen«, die man sich etwa als Angehörige einer Löwenrasse, noch lieber als ein Bärenvolk vorstellte: Erstaunlich häufig scheinen sie tatsächlich aus den Gebieten von Polen, der Ukraine oder Nordrußland zu stammen.

Man hat diese Schaustellungen später oft aus an sich gut gemeinten Überlegungen verboten. Es sei nicht schön, hat man uns in der Schule gelehrt, durch ihre Anlagen unglückliche Menschen den blöden Gaffern vorzuführen. Doch ein alter Schausteller, den ich darüber befragte, sah das völlig anders: Einen Menschen, der völlig behaart auf die Welt kam, hat man in den Dörfern von Osteuropa häufig als Mißgeburt aus der Gemeinschaft ausgestoßen. Gelegentlich nannte man ihn geradezu das Kind eines Werwolfs oder Vampirs, der sein geheimer Vater sei! Es war für das Kind ein Glück, daß ein Fahrender daherkam und das arme Wesen den verständnislosen Eltern abnahm.

Wenn man nun den »Menschenbären aus dem eisigen Norden« den Schaulustigen vorführte, war er gar kein »Monstrum« mehr – oder gar die Folge der »unzüchtigen Vermischung mit Tieren«, wie es in den Jahrhunderten der stumpfsinnig-sadistischen Hexenverfolgungen nur zu häufig vermutet wurde ... Er war jetzt der Angehörige eines stolzen Volkes, dessen seelische und körperliche Eigenarten bereits im Altertum bewundert wurden. Nach den mündlichen Sagen erfreuten sich die verschiedenen »Fell-Leute« nun sogar eines nicht unbedeutenden Erfolgs beim anderen Geschlecht: Ihr tierisches Aussehen sollte ja angeblich irgendwie ihre »übermenschliche« Leidenschaftlichkeit und feurige Sinnlichkeit verraten!

Einige der muskulösen Menschenlöwen oder -bären sollen sogar günstige Ehen geschlossen haben, was ihnen in ihren Heimatdörfern kaum möglich gewesen wäre. Selbstverständlich an allen sichtbaren Körperstellen wohl rasiert, nahmen sie dann ihren gebührenden Platz in der menschlichen Gesellschaft ein.

Noch viel wunderbarer waren die ausgestellten Tiermenschen, die wohl mehr dem handwerklichen Geschick der

Menschen mit Fell bevölkerten noch bis 1900 die Naturkundebücher und waren eine der liebsten Attraktionen unserer Jahrmärkte.

Fahrenden ihr märchenhaftes Aussehen verdankten. Ich erinnere mich, als ganz kleiner Knabe einer »echten« Kentaurin nahe gewesen zu sein: Das Zelt, in dem sie wirkte, hatte nach außen zwei Fensteröffnungen. In der unteren erkannte man die vier Hufe einer schweren Stute, wie sie auf dem Erdboden stampften. Oben blickten der lächelnde Kopf und die winkenden Hände einer fröhlichen Dame voller Sommersprossen heraus: Um die Verbindung zwischen beiden Körperteilen zu sehen, hätte man eine Eintrittskarte bezahlen müssen.

Leider hatte ich nun einmal kein Geld dazu – und ich habe diese versäumte Gelegenheit fast ein Jahrzehnt bitter bedauert. Immerhin habe ich später in kleinen Zirkuszelten von Paris bis in die Provence alle möglichen Sagengeschöpfe sehen dürfen: Eine hübsche Nixe mit langem Fischschwanz, ein Satyrpaar, eine »ägyptische« Frau mit Katzenkopf oder einen knurrenden und schrecklich aufheulenden Wolfsmann.

Die Tricks, die man für solche Vorstellungen verwendete, waren wohl eher einfach. Immerhin verstanden sich die Jahrmarktsleute auf die Kunst, die Spannung der Zuschauer durch Musik und farbige Lichter so zu steigern, daß niemand daran dachte, die Täuschung zu durchschauen: Eigentlich machten diese Wundergeschöpfe der Jahrmärkte nicht weniger Eindruck als die heute mit endlos mehr Geldmittel hergestellten Filmwunder.

Man war eben fest überzeugt: Irgendwo gibt es diese Länder, von denen noch alle Märchen erzählen. Warum sollte es nicht erfahrene Menschen geben, etwa alte Seeleute oder einheimische Fahrende, die den uns verschlossenen Weg dorthin kannten? Die Bereitschaft, an alle diese Menschenbären und Delphindamen der Jahrmärkte zu glauben, war darum bis in unser Jahrhundert ungebrochen groß.

Rätsel in den Familienwappen

Die Geschichten um Tierbraut und Tierbräutigam sind bekanntlich sehr häufig. Man kann behaupten, ohne sie wäre unsere gesamte Märchenwelt gar nicht denkbar. Ein Jüngling oder ein Mädchen verbindet sich in ihnen mit einem Wundertier: Ihre Nachkommen besitzen durch diese Ehe beneidenswerte, ihnen irdisches Glück verheißende Eigenschaften.

Sehr ausführlich ist eine entsprechende Handlung in den Büchern der »Chronika von den drei Schwestern«, die der Dichter Musäus im Jahre 1782 herausgab. Eins ist zu beachten: Dieser Verfasser kannte, wie wir recht leicht erkennen, die Ansichten des Paracelsus, zumindest wie sie ein Jahrhundert vor ihm im unterhaltenden und vielschichtigen Buch über den »Grafen Gabalis« herauskamen: Es sind Geschichten aus Zeitaltern, da die gesteigerten Sinne der Menschen die geheimen Zusammenhänge in der Natur erkennen konnten.

Musäus erzählt uns von einem großzügigen, gleichzeitig der Jagd und den Festfreuden ergebenen Grafen. Da er eigentlich nur der Freude lebt, zerrinnen seine Schätze. Die einzige Unterhaltung, die ihm daraufhin verbleibt, sind seine Streifzüge durch die Natur. Obwohl ein Mann von bester Herkunft und Gesellschaft, fühlt er sich in der Nähe der Geschöpfe von Wald und Feld wohl.

Auf seinen Wanderungen und Jagden kommt der Herr nacheinander in dichten Wald, ins Gebirge und zum weiten Meer. In jedem der Naturreiche, in denen er jagen oder fischen will, begegnet er deren geheimnisvollen Herrschern: Einmal ist es ein sprechender Bär, der ungekrönte König der nördlichen Wälder. Dann ist es ein Adler und zuletzt ein durch die Wellen gleitender Delphin.

Jedes der Tiere ist nun ein verwandelter Prinz. Jedem gewährt der Graf, weil er seine Hilfe braucht, eine seiner drei Töchter zur Gattin. Dies führt zuerst zu allerlei erschreckenden Abenteuern, doch das Ende ist nun einmal gut: Die Schwiegersöhne erscheinen endlich in der allerschönsten menschlichen Gestalt. Alle sind nun zusammen glücklich und preisen ihr Schicksal.

Die drei Tierprinzen und ihre Gattinnen, Töchter des großzügigen Grafen, werden zu Stammeltern berühmter Völkerschaften. Albert der Bär erwirbt sich die Herrschaft Askanien und gründet die Stadt Bernburg. Edgar der Aar zieht in die Gebiete der keltischen Helvetier, »unter den Schatten der hohen Alpen«. Er erbaute den festen Ort Aarburg: Der Fluß, der von dem schneebedeckten Gebirge herströmt, erhielt auch nach ihm den Namen Aare.

Ufo der Delphin zog nach Burgund und bemächtigte sich eines vielgerühmten Teils dieses Landes. So entstand das Delphinat, das in der französischen Sprache noch heute Dauphiné heißt. Alle drei, selbstverständlich auch deren Nachkommen und Völker, »nahmen aus der Zauberepoche auch ihre Tiergestalten zum Symbol ihrer Wappen an«. Sie waren nach Musäus ganz offensichtlich stolz auf ihre Ahnen, die selber das Leben der Geschöpfe von Wald, Luft und Meer durchlebt hatten: Der Schlüssel zu einem Teil der Naturgeheimnisse blieb in ihrem Besitz.

Aus diesem Grund besitzt Bernburg bis heute einen goldgekrönten Bären als sein Abzeichen. Aarburg hat einen Adler im Wappen und endlich das Delphinat einen Meerfisch. So erinnern sich die Völker der Umgebung noch immer an die Abenteuer der Vorfahren, denen sie ihre Städte und Fürstentümer verdanken.

Ich selber habe mein halbes Leben im Tal des Aareflusses verbracht. An das Wort Aar anklingende Namen gibt es auf der geographischen Karte gleich mehrfach. Neben Aarburg findet sich noch die Stadt Aarau und die Landschaft, die in ihrer Gesamtheit Aargau heißt. Die Aare selber ist ein ursprünglich wilder Bergfluß, der in den Rhein strömt: Man hat ihn erst in den letzten Zeiten mühsam durch Dämme gebändigt.

Nach der neueren Forschung ist der Name des Stroms wahrscheinlich älter als die Bekanntschaft der Völker der Umgebung mit dem deutschen Wort Aar für Adler. Da aber der königliche Vogel auf den Wappen von Städten und Familien des Gebiets recht häufig vorkommt, ist die Sage vollauf verständlich. Noch vor etwa fünfzig Jahren erklärte man oft, wenn ein Kind nach dem Warum des Flußnamens fragte: Er kommt aus den Höhen der Alpen, aus Gebieten, wo immer der Aar hoch am Himmel schwebt. Der König der Vögel bewache sozusagen die Quelle des nach Norden wandernden Stromes.

Man fügte etwa bei: Die hohen Berge seien unseren Altvorderen kein Hindernis gewesen, sondern der Schutzwall während Kriegen und Völkerwanderungen. Drohte die Macht von Eroberern, verließen sie die kaum von der Natur geschützten Niederungen und Täler. Sie zogen sich in die Nähe der Quellen zurück. Dort kannten diese uralten Stämme, die alle große Jäger waren, jeden Steg und jede verborgene Höhle. Es war ihnen in dieser Wildnis spielend möglich, den Landesfeind aufzuhalten und dann Schritt um Schritt wieder wegzudrängen.

Aus diesem Grund wurde nach der Sage im Aaretal und in ähnlichen Landschaften die Adlerfeder ein Zeichen für Unabhängigkeit und Freiheit. Man trug eine solche an seinem Hut, aber nicht nur, wenn man ein kühner Jäger war. Viele taten es auch, um zu zeigen, daß sie »niemandes Sklaven waren« und zumindest in ihrem Lebenskreis nach eigenem Willen und Brauch lebten.

Da die französische Sprache vom Juragebirge und dem Bielersee her ans Aaretal angrenzt, kannte ich schon früh ein altes Wort für einen kühnen, selbständigen Menschen. Man nannte ihn »debonaire«. Der Französischlehrer erklärte mir den Ausdruck als aus den romanischen Worten »de bon aire« zusammengesetzt. Das heißt deutsch: Er ist »aus guter Luft«. Gemeint sei gewesen, der Mensch entstamme einem »Adlernest«, also aus einem »luftigen« Stamm, der sich zu allen Zeiten seiner stolzen Freiheit erfreute. Man sehe ihm an, daß alle seine »adlergleichen« Vorfahren niemanden demütig als ihren Herrn und Meister anerkannten.

Unsere Märchen aus dem 18. Jahrhundert, aufgeschrieben und gestaltet von Musäus, stimmen mit dem tiefsinnigen Sprachgefühl des Volkes überein: Sie enthalten die gleichen Gedanken wie die Sagen um die Rassen der Tiermenschen auf der ganzen weiten Welt.

Was unsere Namen verraten

Nicht nur Wappen und Herkunftslegenden der Ritterfamilien und Stämme verweisen auf enge Beziehungen zu bestimmten Tieren und deren Umwelt. Auch die alten Vornamen von Kindern erinnern häufig an Eigenschaften der wilden und zahmen Geschöpfe, wie man sie einem Menschen anwünschte.

Die Sagen verweisen uns dauernd in ein Zeitalter, da man die Bezeichnung des neuen Erdenbürgers keinem Zufall überließ. Die schwangere Frau begegnete etwa im Wald einem gutmütigen Bären: Das Kind, das sie darauf glücklich gebar, hieß etwa Bernhard, was starker Bär bedeutete.

Manchmal heißt es auch in den Volksmärchen: Eine Fee oder ein wilder Mann sei aus dem Walde gekommen und habe den jungen Eltern geraten, ihrem künftigen Kind einen bestimmten Namen zu verleihen. »Dies wird ihm in seinem

Dasein nur Glück bringen«, versichern dabei die weisen Gäste. Wer denkt hier nicht an die Stämme der Indianer oder der Sibirier des Polarmeeres, bei denen ihre Medizinmänner oder Schamaninnen bei jeder Geburt guten Rat wußten?

Die Menschen unserer unmittelbaren Vergangenheit waren Meister in der Beobachtung der Tiere, die sie aus ihrer unmittelbaren Nachbarschaft kannten. Ausdrücklich lesen wir etwa in der »Legende des heiligen Wolfgang«, die schon 1475 im kleinen Städtchen Burgdorf am Bergfluß Emme gedruckt wurde: Es gibt kaum Menschennamen, die von den Tieren herkommen, die nur erschreckend wirken können.

Der bibel- und legendenkundige Verfasser des Buches versichert uns, daß wir jeden der Tiernamen »auf zweierlei Weise« anwenden können. Als Beispiel wird uns ausführlich gezeigt, daß etwa der Löwe in der christlich-jüdischen Tradition bald den grimmigen, uns bedrohenden Teufel bedeuten kann – und dann wieder den Erlöser der Welt, den Heiland, die Gottheit selber. »Siehe es siegte der Löwe vom Stamme Juda«, heißt es ausdrücklich von Christus.

Die Schafe können nach den frommen Schriften den Herdenmenschen kennzeichnen, der ohne Geist und selbständige Gedanken mit der ganzen Masse der Hölle zutrottet. Das gleiche Tier verweist aber häufig auf den Frommen, der voll kindlichen Vertrauens den Geboten des Himmels folgt: Anschließend wird ausdrücklich auf den bald gefürchteten und dann wieder bewunderten Wolf hingewiesen, von dem schließlich der Taufname des heiligen Wolfgang herkommt.

Jedes Tier hat demnach Seiten seines Wesens, die geradezu beneidenswert sind. Es hat aber auch Eigenschaften, vor denen sich der Mensch lieber hüten sollte. In diesem Sinn versichert uns auch das Buch von 1475: »Folglich geht daraus hervor, daß keiner (der von Geburt her einen Tiernamen trägt, S. G.) gerechtfertigt oder verworfen wird durch den Namen.«

Ebenfalls noch im 15. Jahrhundert entstand auf der Grundlage antiker und einheimischer Fabeln der Abenteuerroman »Reineke der Fuchs«. Er erfreute sich in verschiedenen Fassungen großer Beliebtheit im Volk: Die Künstler haben ihn hoch bewundert, und kein Geringerer als Johann Wolfgang von Goethe hat ihn nachgedichtet.

Die Tierwelt, vor allem die Säugetiere und Vögel, bilden in ihm ein Weltreich und sprechen miteinander wie Menschen. Die gewaltige Fülle echter Naturbeobachtungen des Altertums und des Mittelalters ist hier sehr großzügig verwertet. Sehr unterhaltend ist über die Verwandtschaften der einzelnen Arten nachzulesen, wie man sie sich damals vorstellte und beobachtete.

Am wichtigsten in dem gleichermaßen hochgebildeten und volkstümlichen Werk ist ein Spiegel der menschlichen Staaten des ausgehenden Mittelalters. An der Spitze der gesellschaftlichen Pyramide stehen Löwe und Löwin. Ihre Macht über die Untertanen ist unbestritten: Erstens sind sie nun einmal mächtige, schöne und stolze Tiere. Dazu sind sie auch großzügiger und gutmütiger, als man es einem Raubtier zutraut.

Um das hohe Paar bildet die übrige Tierwelt einen malerischen Kreis. Jedes Hofamt wird von dem Geschöpf eingenommen, dessen Eigenschaften man dafür als einigermaßen geeignet ansah. Der Hauptinhalt des Werks ist die Darstellung einer politischen Umwälzung, wie sie sich wohl gerade im 15. Jahrhundert auf der Bühne Europas abspielte.

Eine der hervorragendsten Stellungen im Staat besitzt der mutige, blutrünstig-kriegerische, doch dazu ziemlich gradlinig-ehrliche Wolf Isegrimm. Unbestritten ist er aber wegen seiner Gewaltherrschaft und Räuberei gefürchtet. Durch Lug und Trug geht er seiner Vormacht verlustig und wird ins Elend gestoßen: Sein Ehrenplatz am Hof wird schrittweise vom listigen Fuchs und dessen Verwandten erobert.

Der schlaue Reineke führt den arglosen Löwen namentlich durch sein angeblich nützliches Wissen an der Nase herum: Er verblendet den König mit Plänen, die das Denken der prachtsüchtigen Großkatze völlig verwirren. Stets berichtet er von Schätzen, die in der Erde liegen sollen und zu denen nur er den Weg weiß. Der König sieht davon zwar kein einziges

Goldstück, wird aber geradezu süchtig auf das ewige Gerede vom Fortschritt zu zukünftigen Reichtümern. Eigentlich sehen wir im Fabelbuch genau das, was in der damaligen Wirklichkeit stattfand! Unter dem französischen Ludwig XI. und im Herzogtum Burgund wurde die kriegerische Ritterschaft von einer Oberschicht verdrängt, die geschickt mit meist zweifelhaften Wirtschaftsplänen zu spielen wußte.

Der Mensch der Vergangenheit sah die Tierwelt als das Kunstwerk des Gleichgewichts zwischen verschiedenen Geschöpfen. Jedes von ihnen besaß in der Natur einen Aufgabenkreis, in dem es eigentlich kein anderes Wesen zu ersetzen vermochte. Die menschliche Gesellschaft sollte stets entsprechend eingerichtet sein, jeder sollte in ihr »seinen« Platz einnehmen. Dieser diente dann gleichzeitig den innersten Neigungen des einzelnen – und auch der Allgemeinheit! Das Tierreich, wie es die naturnahen Menschen kannten, galt als Vorbild oder Urbild des mittelalterlichen Staates.

Die Bedeutung eines Amts, also König, General, Priester, Bauer, Jäger usw., wurde oft mit der Bedeutung eines daran erinnernden Tiers in der Umwelt verglichen: Es sollten für jeden Beruf Leute gewählt werden, die entsprechende Eigenschaften besaßen. Der Mensch fand es also richtig, von der Natur zu lernen.

Die Erkenntnis der heiligen Hildegard

Die heilige Hildegard von Bingen versichert uns als Grundlage ihrer Naturkunde: »Die Tiere, die auf Erden leben, versinnbildlichen die Gedanken und Überlegungen des Menschen, die er in die Tat umsetzt.«

In diesem Sinne versuchte sie es möglichst genau zu beweisen: »Die anderen Waldtiere (die Heilige redete unmittelbar vom Löwen und Panther!) bezeichnen die Fülle der Möglichkeiten, die der Mensch hat, nützliche und unnütze Werke zu vollbringen. Die zahmen Tiere auf der Erde bezeichnen die

Sanftmut des Menschen, die er hat, wenn er auf dem rechten Wege ist.«

Die einen Menschen können ganz bestimmten Tieren nahestehen, die anderen weisen uns aber auf ganz andere Beziehungen. Hildegard erklärt uns in ihrem Buch »Über die Tiere«, diesem Edelstein unter den Werken der mittelalterlichen Schilderungen unserer Schöpfung: »Die Gedanken des Menschen, der einem sagt: Du bist dieses oder jenes Tier, kommen daher, daß die Tiere etwas in sich haben, das der Natur des Menschen ähnlich ist.«

Hier haben wir eine Urweisheit, die wir auf mannigfaltige Art durch die verschiedenen Völker verfolgen können. Wenn man den Nomaden, zum Beispiel den Erzählern der Zigeuner, glaubt, suchen die Menschen »stets das Land, das ihrem von Gott erschaffenen Wesen entspricht«. Die Fahrenden ziehen, wenn ihr Stamm sein Ursprungsland verloren hat, so lange durch die Welt, bis sie eine Umwelt finden, die sie in jeder Beziehung anregt.

Der bekannte Zigeunerhäuptling Zanko, den ich noch selber in Lyon kennenlernen durfte, stammte von den rumänischen Kesselflickern (Khalderasch): Er schildert, wie sein in Frankreich eingewandertes Volk gerade das uralte Heiligtum von Saintes-Marie in der Camargue hoch verehrt, weil es hier an seine in allen alten Sagen gepriesenen Uferländer am Schwarzen Meer erinnert wird.

»Es ist falsch, uns als heimatloses Gesindel zu beschimpfen«, hörte ich von einem Vertreter der Sinti-Zigeuner, »wir sind immer auf der Heimatsuche. Auch die Ahnen aller Seßhaften waren so. Sie müssen Gott täglich dafür danken, daß ihre Vorfahren nach vielen Abenteuern ein Land fanden, das ihnen vollkommen entsprach.« Vergißt ein Volk die lebendige Zuneigung zu einer bestimmten Umwelt, auch dies ist Zigeuner-Philosophie, »dann hängt es immer weniger an ihr. Langweilt es sich in seiner Heimat, findet alles in ihr eher schädlich und lästig, wird es spielend von anderen Völkern verdrängt. Ein Land gehört immer denen, die es von Herzen lieben, mit ihm sozusagen glücklich vermählt sind.« Man erkennt dies an der Art, wie sie all die darin befindlichen Tiere, Pflanzen, Berge, Flüsse gleichsam als Geschwister anerkennen. Sie ehren deren Geheimnisse und sorgen für ihr Wohlbefinden.

Schon die alten Ägypter und die neueren Zigeunerstämme kannten eine beneidenswerte Kunst – sie vermochten aus der ganzen Gestaltung einer Landschaft deren Eigenschaften herauszulesen. Dies ist eine Wissenschaft, nicht viel anders als diejenige, in den Linien des Gesichts oder der Hand den eigentlichen Charakter eines Menschen zu erkennen: Auch dies ist eine der vergessenen Lehren des großen Naturforschers der Alpen, des Arztes Paracelsus (1493–1541).

Die Tiere leben nun nach dem Fahrenden Volk ganz in der Natur. Sie sind vollkommen ihrer Umwelt angeglichen und wandern höchstens weg, wenn sich deren Gegebenheiten, besonders die Wetterverhältnisse, ändern. Will man also die Eigenschaften besser erkennen, die ein Land besonders fördert, dann muß man sich vor allem die Tiere anschauen, die in ihm prächtig gedeihen.

Ein Fahrender, dessen Vorfahren besonders in der Ukraine herumzogen, versicherte mir in Paris: »Wenn ein Tier ausstirbt, dann verschwinden in den Menschen des gleichen Landes genau die Eigenschaften, die man allgemein dem ausgerotteten Tier zuschreibt.« Er erwähnte als Beispiel die wilden Pferde, die es im Osten gab, die man aber nach und nach ausrottete: »Wir sind ja selber stets mit Rossen im Land herumgefahren und waren große Roßhändler. Dadurch, daß die wilden Pferde ausstarben und jetzt sogar immer mehr die zahmen, wissen die Menschen immer weniger, was stolze Haltung, schöne Bewegung und die Lust am Abenteuer sind.«

Ich fragte meinen Freund und Lehrer, was denn einigermaßen Gutes die reißenden Wölfe bedeutet hätten? (Ihre fast vollkommene Ausrottung, zumindest in gewissen Ländern, wurde gerade damals in den Zeitungen als »Großtat des menschlichen Fortschritts« gepriesen!) »Völker, die den Wolf zu sehr lieben und ehren, sind selber wie Wölfe«, bestätigte er mir. »Aber Völker, die die Wölfe höchstens noch aus den Museen kennen, sind nicht mehr angriffig, unternehmungslustig, kühn und handlungsfreudig. Sogar ob sie ihr Schreibgerät rechts oder links vor sich auf den Arbeitstisch hinlegen, werden die Angehörigen solcher Völker den Vorgesetzten demütig fragen. Ihre Arbeitszeit besteht höchstens noch aus langweiligen Sitzungen, an denen sie endlos herumpalavern, wann und worüber sie in der nächsten Sitzung »entscheiden« wollen. Gerät ein Volk, das die Wölfe ganz vergessen hat, in echte Gefahr, ist es wehrloser als kleine Kinder.«

Ich fragte den erfahrenen Freund, was er von den fleißigen Bibern denke, die in den einst sumpfigen Alpentälern als eins der wichtigsten Tiere galten und heute ganz und gar verschwunden sind. »Der Biber«, sagte mein Gewährsmann, »ist ein großer und fleißiger Handwerker, der mit unvergleichlicher Kunst seine Dämme und Bauwerke errichten kann.« Nach einer Tierlegende der Zigeuner ist er darum so tüchtig geworden, weil er dem heiligen Zimmermann und Baumeister Josef, dem Gatten der Gottesmutter Maria, zuschaute: Einige hätten freilich sogar versichert, er habe bereits dem Schöpfer geholfen, als dieser am Erdenmorgen den Flüssen und Seen ihre Gestalt gab ... Wenn ein Land seine Biber ausrotte und vertreibe, dann verschwinde aus dessen Leben immer mehr die Begabung zum handwerklichen Geschick!

Diese Lehre der alten Weisheit gehört für mich auf die gleichen Seiten wie die mystische Naturkunde der heiligen Hildegard oder des Alpenarztes Paracelsus. Vielleicht muß man in ihrem Sinn die Worte der sibirischen Jakoten begreifen, die ich ebenfalls meinem Großvater verdanke: »Den Völkern, die ihre Tiere nie vergessen, gehört immer die Zukunft.«

Auch die bereits christlichen Sibirier hätten fest geglaubt: Die Menschen und die Tierwelt des gleichen Gebiets seien so wie Geschwister. »Man muß nur die Bibel lesen! Alle Geschöpfe des Heiligen Landes scheinen eine Schicksalsgemeinschaft zu bilden.«

Nymphen der Quellen, Schwanenmädchen, Russalken

Die strahlenden Schleier

Die Nymphen sind für die Griechen schöne Mädchen, die dem Göttergeschlecht entstammen. Sie leben in der unberührten Natur, meistens in der Nähe von reinen Gewässern wie Quellen, Bächen, Teichen und Seen. Sie sind treue und liebevolle Beschützerinnen der Tier- und Pflanzenwelt: Verhältnismäßig leicht scheinen sie sich in diese Geschöpfe verwandeln zu können.

Sie besitzen vollkommene Schönheit und wurden aus diesem Grunde im Altertum besonders gern abgebildet. Dies scheint eine wichtige Grundlage der griechischen Gesundheitsmedizin gewesen zu sein: Betrachtete eine schwangere Frau solche Steinfiguren, so sollte sich dies unmittelbar auf ihre Körperfrucht auswirken, und aus ihrem Leib würden immer schönere Kinder hervorgehen.

Bei Homer und anderen Dichtern ist nicht immer klar, wo genau die Grenze zwischen Götter- und Menschenwelt verläuft. Das Wort Nymphe wird zum Beispiel für vornehme Frauen verwendet, aber auch für Jungfrauen oder für Geliebte und junge Ehegattinnen. Erst von Fall zu Fall wird daher verständlich, ob es sich um ein menschliches Weib handelt oder um eine echte Fee, ein Wesen aus der Götterwelt. Diese Trennung ist wohl nur für uns Verstandesmenschen wichtig: Viele schöne Frauen, wie sie in den homerischen Dichtungen vorkommen, sind von »olympischer«, also göttlicher Herkunft.

Die Nymphen lieben es, nackt zu baden oder durch die

Naturlandschaft zu eilen. Sie gelten jedoch als sehr zurückhaltend. Obwohl sie meist nur an sinnliche Dinge denken, halten sie sich dennoch zurück und warten auf die große Liebe. Das Wort Nymphe bedeutet, seiner Wurzel nach, feine Bekleidung, Umhüllung, Nebelschleier. Dies scheint ein Hinweis auf damals übliche Frauenkleider zu sein. Ich verstehe so die Erklärung meiner Großmutter über die Russalken – die modernen Nymphen ukrainischer Flüsse: »Wenn du eine Wasserjungfrau (wodnuju dewu) im Mondschein schaust, weißt du nicht, ob sie überhaupt bekleidet ist; es ist um sie stets ein starkes Schimmern und Glitzern.«

Der Dichter und Märchensammler Musäus hat sich im 15. Jahrhundert besonders mit den Nymphensagen auseinandergesetzt. In seiner Geschichte *Der geraubte Schleier* will er nach bestem Gewissen aus der einheimischen Tradition geschöpft haben. Eine bedeutende Rolle spielen darin die Ausführungen des magiekundigen Naturwissenschaftlers und Arztes Theophrast: Das ist kein anderer als der berühmte Theophrastus Paracelsus.

Musäus kannte zweifellos einige Schriften von diesem Mann, der ein wichtiges Werk *Über die Nymphen* verfaßte. Im übrigen ist dieser Naturphilosoph, der sich so viel mit dem Sinn der alten Überlieferungen befaßte, gerade in unserem Alpenraum selbst zur Sagengestalt geworden. So ist heute nicht genau zu bestimmen, was Musäus in seinem *Geraubten Schleier* gelehrten Schriften oder mündlichen Erzählungen verdankt.

Der große Theophrastus erklärt also einem liebeskranken Ritter: »Die alten Volkssagen von einem Göttergeschlecht, das ehemals in Griechenland hauste, ist kein Traum der Phantasei, obwohl die Poeten viel Fabelei und Lügen dreingemengt haben ...« Es seien dies alles Berichte über ein wunderbares Geschlecht von ätherischen Luftgeistern. Gemeint sind Wesen, die über den irdischen Menschen standen. Sie lebten in den oberen Regionen der Atmosphäre, und man nannte ihr feinstoffliches Reich den Olymp.

»Sie lebten mit den Menschen vormals in traulicher Eintracht und sichtbarer Gemeinschaft.« Sinnbild für eine solche Verbindung ist die schöne Wasserfrau Leda, die sich in ihrem Bade mit dem lichten Schwan vereinigt: Ihre weibliche Nachkommenschaft sei bis heute mit der Gabe ausgestattet, unter gewissen Umständen das leichte Federkleid ihrer Ahnen zu besitzen.

Die Erben der Leda, dieses Feen- oder Nymphengeschlecht, »machen nicht wie die übrigen Menschenkinder nackend ihren Eintritt in die Welt«: Ihr zarter Leib ist mit einem Schwanenkleid bedeckt, das nur die Kenner wahrnehmen können. Es ist dies ein »luftiges Gewand, aus verdichteten Lichtstrahlen des Äthers gewebt«. Es dehnt sich mit dem Wachstum des Mädchens entsprechend aus und besitzt »alle Eigenschaften der reinsten Feuerluft, die irdische Körperschwere zu überwinden«.

Die Anlagen der sagenhaften Schwanenfrauen sollen durch die Zeit unzerstörbar sein. Auch im »tausendsten Gliede«, das wäre also fast nach dreißig Jahrtausenden, soll ein Tropfen »ätherischen Blutes« genügen, um sie wieder sichtbar werden zu lassen! Feenhafte Eigenschaften hatte zum Beispiel die Heldin der Musäusgeschichte Zoe, die tatsächlich wie eine echte altgriechische Schönheit wirkt. Es können aber auch ganz andere, schwer erkennbare Merkmale sein: die Wohlgestalt des Wuchses, ein besonderer Blick der Augen, die vollkommene Wölbung des Busens, eine bezaubernde Stimme. Es kann auch die besondere Fähigkeit des Witzes sein oder sonst eine einzigartige Kunstfertigkeit.

Die uralte Nymphenanlage der Leda läßt also den ganzen Leib von einer besonderen Lebenskraft durchstrahlen. Doch die dauerhafte Schönheit, die sie in jedem Fall verleiht, bleibt den meisten Frauen verborgen. Es sei denn, sie besinnen sich der Lebensweise der Nymphen und benützen besondere Gesundheits- und Schönheitsquellen in der freien Natur. Besuchen sie diese regelmäßig, entfaltet sich in ihnen eine fast unzerstörbare Jugend, die Heiterkeit und Schönheit ihrer Urmütter.

Solche Nymphenquellen fand die Sage nach Musäus an verschiedenen Orten. Eine soll am Fuß des Araratgebirges im Kaukasus liegen. Eine andere in Abessinien, dort, wo der heilige Nil seinen Ursprung hat. Im Erzgebirge befinde sich eine bei Zwickau, wo das Volk ein Schwanenfeld und einen Schwanenteich kennt.

Solche Sagen und gedruckte Dichtungen bildeten noch im 18. Jahrhundert die Grundlage des bunten Treibens um die Heil-, Gesundheits- und Schönheitsbäder. Wie die Kunstwerke in ihrem Umkreis beweisen, überlebte hier tatsächlich der Nymphenglaube fast bis in unsere Gegenwart.

Das Liebesspiel von Daphnis und Chloë

Die Sagen von Nixen, Nymphen und Russalken sind in einer Beziehung übereinstimmend: Die Wassermädchen traf man als Menschenfrauen oder auch in ihrer leuchtenden Schwanengestalt nur in einer paradiesischen Umwelt an.

In der Dichtung von Petronius, den ich in der Nachdichtung von Wilhelm Heinse benütze, wird ein solcher Ort geschildert: »Wo alles war, was die Natur dem Menschen zur Augenweide hervorgebracht hat.« Solche Plätze galten im gesamten Altertum als besonders geeignet für das Glück des Menschen.

Es wird uns auch ausführlich erklärt: »Für verliebte Seelen ist der Ort gemacht!« Quellen entlassen ihre Wellen plätschernd durch die Blumenwiesen; Nachtigallen, diese Musikanten des Liebesgottes Amor, singen in den Büschen: »Nymphen schleichen, um sie nicht zu stören, in die kühlen Grotten ...« Es ist für sie noch berückender, auf die Singvögel zu hören als auf den Klang der Sternensphären, deren kosmischen Klängen sich die griechischen Mystiker und Philosophen hingegeben haben sollen.

Die Orte der Russalken, also der einheimischen Nymphen, werden in den Überlieferungen der Ostslawen ganz übereinstimmend geschildert. Sie befanden sich, wie es noch meine Mutter als kleines Mädchen erlebte, gerade in den waldigen Ufergegenden der ukrainischen Flüsse: Hier spielten und sangen in warmen Nächten, wenn der Mond aufging, die Dorfmädchen. Den Nymphen, ihren Beschützerinnen, opferten sie Blumenkränze. Ein Zeuge, der sie zufällig wahrnahm, wußte niemals so richtig: Waren es Menschen aus Fleisch und Blut oder echte Wassergeister? Der große antike Dichter Ovid beginnt sein Werk *Metamorphosen* mit dem schönklingenden Vorwort: »Leiber, in andre Gestalten verwandelt, will ich besingen.« Diese Welt, in der sich alles verändern konnte, alles möglich war, ist für die Griechen die Welt der Nymphen.

Der Dichter Longus, von dessen irdischem Dasein wir nichts wissen, beginnt seine Schilderung eines Heiligtums der Nymphen folgendermaßen: »Schon der Hain an sich war prächtig. Ein dichter Baumbestand, viele Blumen und viel Wasser, ein einziger Quell speist Blumen und Bäume.« In dieser paradiesischen Umgebung gibt es auch eine Reihe von Bildern, die das darstellen, was nach Ansicht der Nymphen den einzigen Sinn jedes Zeitalters ausmacht: Eine beispielhafte Liebesgeschichte.

Die Folge der Darstellungen, die das Abenteuer eines Liebespaares zeigte, vermehrte den Ruhm des heiligen Platzes. Gerade hier erkennen wir die hohe Eigenart der griechischen Kultur, die stets Natur und Kunst vereinigte, um so Gefühl und Verstand des Menschen gleichermaßen zu entzücken. »Es (das dargestellte Bilderbuch der Liebe) zog denn auch viele Fremde herbei, die sich nach einem Gebet zu den Nymphen daran erfreuten.«

Longus, der als Jäger an den Ort kommt, versucht nun aus dem zeitlosen Inhalt der Geschichte eine Dichtung für seine Gegenwart zu gestalten: »Ich arbeitete alsdann vier Bücher aus, als Weihegaben für Eros (den Liebesgott), für die Nymphen und für Pan und als einen Freudenschatz für alle Menschen. Ja, dies (Werk) wird den Kranken heilen, den Bekümmerten trösten ...«

Der Glaube an die Nymphen enthält die ganze Naturreligion und die Lebensweisheit der Ziegen- und Schafhirten. Man weiß, daß es die Nymphen seit jeher gibt und daß sie die ursprünglichen Menschen beschützen: »Ein weitverbreitetes Geschlecht sind die Nymphen. Da sind die Quellnymphen, die Baum- und die Sumpfnymphen, und alle sind sie schön, und alle singen sie.«

Eine mächtige Gestalt dieses Traumreichs ist Pan, selbst ein Tiermensch, ein halber Ziegenbock, und gleichzeitig ein großer Musikant, ein Meister des Flötenspiels. Von ihm kommt offensichtlich die Tiermagie der halbwilden Stämme: So kann er unter ihnen einen eigenartigen Rausch erzeugen, so daß sie sich gleich wilden Wölfen aufführen.

Im Heiligtum waren Daphnis und Chloë als Säuglinge ausgesetzt worden. Die Nymphen ernährten sie mit Ziegen- und Schafsmilch. Die Hirten fanden sie und nahmen sie als eigene Kinder auf: Sie sahen in ihnen himmlische Geschenke. Sie waren für sie gleichermaßen Verwandte ihrer Tiere und ihrer verehrten Schutzgeister.

Die beiden wachsen heran, hüten zusammen das Kleinvieh und fühlen sich bald in Liebe verbunden. Sie schwören im Hain Pan und den Nymphen die ewige Treue. Der junge Daphnis muß es zusätzlich noch bestätigen, indem er mit einer Hand einen Ziegenbock, mit der andern eine Ziege berührt. Dies war offenbar bei den griechischen Hirten ein besonders bindender Eid, gleichsam bei sämtlichen männlichen und weiblichen Kräften des Weltalls: »Nun war Chloë froh, denn jetzt glaubte sie ihm. Da sie ein Mädchen war und eine Hüterin (ihrer Tiere). Die Ziegen und Schafe hielt sie für die eigentlichen Götter der Hirten.«

Nach allerlei Schwierigkeiten und Hindernissen im Rahmen der damaligen Zivilisation können dann die Liebenden eine Ehe schließen. Obwohl sie nun Städter werden und in einen »höheren« Stand aufsteigen könnten, bleiben sie der

Welt ihrer Liebe treu. Bis zu ihrem glücklichen Ende »halten sie es mit den Hirten«: »Sie verehren deren Götter, die Nymphen, Pan und Eros.« Sie besitzen große Herden von Ziegen und Schafen und stellen deren Milch über die andere Kost.

Sie leben auch weiterhin nach dem Nymphenbrauch: »Ihr Knäblein ließen sie von einer Ziege ernähren, und ihr zweites Kind, ein Töchterchen, legten sie einem Schaf ans Euter ... Und alle diese Bräuche behielten sie bis in ihr hohes Alter bei. Auch ließen sie die Nymphengrotte ausschmükken, Bildsäulen aufstellen und für Eros, den Hirten, einen Altar errichten.«

Longus hat sein Werk erst im 3. Jahrhundert unserer Zeitrechnung verfaßt, möglicherweise sogar später. Die griechische Kultur war damals schon durch deren Eingliederung ins Römische Weltreich bis auf traurige Reste zerstört. Die Verzweiflung über das Ende der eigenen Sitten und Bräuche ergriff damals die Völker des Mittelmeerraums.

Longus und andere Dichter-Philosophen träumten von einer Erneuerung. Sie hofften, daß in Randgebieten der griechisch-lateinischen Kulturen die einstige Liebe zur Natur erhalten bliebe: Menschen aus einer Zivilisation, die bereits verstädtert und glaubenslos geworden war, fanden hier Rettung durch die Überlieferung des Glaubens an die Nymphen. Sie erlangten so wieder die Hoffnung an die Zukunft! Daphnis und Chloë waren für Longus wie Adam und Eva, die Stammeltern eines neuen Geschlechts: Ihre Ahnung des Göttlichen in der gesamten Schöpfung, die Verehrung der Quellen, Bäume und Tiere schenkten ihnen und ihren Kindern neue Lebenskraft.

Der Dichter und Philosoph ist überzeugt, daß von hier, dank der sinnlichen Bilderbücher und Märchen um die alten Heiligtümer, neue Menschen kommen würden: Schützlinge des Nymphenvolkes, an Schönheit und Lust am Dasein von ihnen nicht zu unterscheiden.

Wo Träume überleben

Die griechische Naturkunde mit ihren zahllosen Rassen der Tiermenschen ist noch immer erstaunlich lebendig. So ist sie nicht nur dank der gelehrten Bücher des Altertums, die christliche Mönche ebenso studierten und abschrieben wie die Araber, in Europa zum allgemeinen Kulturbesitz geworden.

Dauernd beeinflußten die antiken Weisheiten, ausgehend von den Griechenstädten um das Schwarze Meer, das ursprüngliche Weltempfinden der »skythischen« Völker. Von diesen »Barbaren« stammt die eigentümliche Bildung all der germanischen und slawischen Stämme: Aus deren Vorstellungen, verbreitet durch die Völkerwanderungen, erwuchs schließlich unser mittelalterliches Abendland.

Dies hat man noch in unserem Jahrhundert feststellen können ... Aimée Dostojewski, die Tochter eines der bedeutendsten Schriftsteller des 19. Jahrhunderts, lehrt: »Alles ist Poesie in der Ukraine; die Trachten der Bauern, ihre Lieder, ihre Tänze, besonders ihr Theater.«

Die Erforscherin der Sagen, die das europäische Denken seit jeher beeinflußten, erklärt, indem sie teilweise die Erkenntnisse ihres Vaters verwendet: »Ehedem hatte die Ukraine enge Beziehungen zu den ... griechischen, an den Ufern des Schwarzen Meeres gegründeten Kolonien. Das griechische Blut fließt in den Adern der Ukrainer, zeigt sich in ihren hübschen gebräunten Gesichtern, in ihren reizvollen Bewegungen. Wohl wäre es möglich, daß das ukrainische Theater ein fernes Echo der bei den Völkern des alten Griechenland so beliebten Darstellungen ist.«

Die Umwelt des skythisch-ukrainischen Festlandes war nicht anders als das griechische Inselreich gestaltet, das einst die Sagen über die von Nymphen und Satyren beseelte Natur hervorbrachte. Auch hier versichert uns die Tochter des Dichters Dostojewski: »Man atmet die duftgeschwängerte Luft des Südens, man blickt zum Mond auf, der die Pappel versilbert.

Man fühlt das Herz sich weiten und fühlt den Drang zu dichten.« Die ganze Wahrnehmung der Natur wird zu einem sinnlichen Erleben von überwältigender Kraft. Es ist hier völlig unmöglich, sich die Dinge der Umwelt als seelenlos vorzustellen, nur zur Nutzung durch den Menschen erschaffen. Die Nymphen sind hier bis heute kein Poetenwort, sie sind eine Tatsache, die das Leben lebenswert macht.

Amfiteatrow schildert 1895 in einem seiner Romane die Bildungsbibliothek in einem Adelshof des ukrainischen Wolynien. Dort konnte man ziemlich alle einzigartigen Werke der großen europäischen Wahrheitssucher finden; Bücher, die wegen ihrer Seltenheit in den Bibliotheken von Westeuropa oft angekettet wurden, so die König Salomo selber zugeschriebenen Bände der okkulten Philosophie. Sie standen hier neben denen des Albertus Magnus, Cornelius Agrippa, Paracelsus und Doktor Faust.

Amfiteatrow, dieser Erforscher der vergessenen Volkskunde und Kulturgeschichte, stellt fest, daß solche Sammlungen in der Ukraine gar nicht gehütet werden mußten. Das Volk der Umgebung brauchte für seinen festen Glauben an die Nymphen und Hexen ganz sicher nicht die Werke eines Paracelsus oder Agrippa! Auch ohne Gelehrsamkeit kannten sie diese phantastische Welt aus den Erfahrungen ihrer Großeltern und aus eigenen Erlebnissen in einer ursprünglichen, von Magie erfüllten Natur.

Die Menschen dieser Gegenden brauchten für ihre Naturansicht keine Handbücher der europäischen Philosophen, die schlußendlich aus der Mystik von Pythagoras, Plato, Plotin viel von ihrem Wissen entnahmen. Auch wenn sie Homer nicht kannten, standen sie ihm wesentlich näher als viele seiner Kenner in den Studierstuben. Sie atmeten und liebten noch in einer lebendigen Umwelt, die der seinen genau entsprach.

In den Uferländern lebte in Wirklichkeit die uralte Romantik der Nomadenvölker, wie es sie auch noch in unserem Jahrhundert gab. Schon der indische Hirtengott Krishna soll ja im

Uferdickicht die badenden Mädchen angeschlichen und ihre zarten Kleider geraubt haben. In den deutschen und russischen Sagen liest man häufig, daß auch ein Ritter einer Nymphe ihr »Schwanenkleid« wegnimmt. Sie kann deshalb nicht mehr fortfliegen, verliebt sich in den kühnen Mann und wird seine Gattin. Durch die magischen Kräfte, die sie besitzt, wird nun die neue Familie mit allem Glück gesegnet.

Wir haben gerade bei Musäus gesehen, wie man sich in der Volkssage diese Nymphenschleier vorstellte: Es war das »Federkleid«, das »Flughemd«, das die Wundermädchen umhüllte. Meine Großmutter wußte es noch sehr genau: »Man erzählte die Geschichte vom Raub des strahlenden Schleiers, weil man einfach dadurch ein fast unverständliches Wunder erklären wollte. Mädchen, die frohgemut und leichtsinnig in der Natur herumtanzten, zeigten sich auf einmal an einen Mann wie gefesselt. Dies konnte man nur durch eine Art Zauber erklären.«

Wie wir sahen, verstand man unter dem »Vogelkleid« ursprünglich gar nicht eine Tracht aus irdischen Stoffen. Wie auch aus den deutschen Märchen des 18. Jahrhunderts noch hervorgeht, dachte man dabei an die »feder- oder flaumleichte« Hülle, die kaum wahrnehmbar ein Nymphenmädchen umschwebte und seinem Aussehen etwas Strahlendes, Sternengleiches gab. Das besondere Vermögen des Helden, der das Mädchen gewann, bestand also im Märchen darin – ihr »Lichtgewand« überhaupt wahrzunehmen.

Diese »Orte der Russalken« gab es noch in unserem Jahrhundert an Quellen und Flüssen der Ukraine, wohl im Umkreis jeder Dorfgemeinschaft. Hier wirkte noch altgriechische Kultur nach: Bevor mein Großvater 1920 von seinem Landsitz in der Nähe von Kiew fliehen mußte, besaß er eine kleine antike Nymphendarstellung. Sie war an einem der noch immer von der Jugend besuchten »Liebesplätze« am Fluß Dnjepr gefunden worden ... In der Welt der Nymphen scheint die Zeit durch Jahrtausende stillgestanden zu haben: Die wunderschönen Mädchen der Ukraine besangen dort noch immer, wie die Schwestern in der Vorzeit, ihre Nymphen.

An den Plätzen, die schon den Heiden und ihren Nixen heilig waren, erhoben sich dann in der christlichen Zeit die »Jungfrauenklöster«. Meistens waren sie aber noch immer im Volke für ihre Quellen berühmt, denen man so ziemlich jede Heilkraft zuschrieb. Man erzählt uns, daß die »richtigen« Nonnen hier oft eine Minderzahl darstellten. Viele Mädchen kamen her, um dort freiwillig auf den »himmlischen Bräutigam« zu warten.

Wie es die russische Theosophin und Mystikerin Helena Roerich darstellt, bedeutete dies alles andere als eine Sehnsucht nach Erlösung im Jenseits. Die Jungfrauen waren überzeugt, daß sie an dem heiligen Ort einfach warten mußten, bis der »Richtige« zu ihnen kam: eben derjenige, der nach dem ewigen Beschluß des Himmels zu ihnen gehörte.

Bis es soweit kam, lernten sie ruhig von den Nonnen, was sie noch wissen wollten. Haushalten, Kunsthandwerk, Heiligenlegenden, Kräuterkunde, »himmlisches« Singen. Das rege Pilgern der jungen Männer nach solchen Klöstern bedeutete also nicht nur eine seither fast verschwundene Frömmigkeit der männlichen Jugend; es war auch der Wunsch, die eigene »Traumfrau« zu finden.

Das Gemeinsame am griechischen Heidentum und am griechischen Christentum wird uns in der Ukraine bewußt. Es ist eine Überzeugung, wie man sie in der Philosophie Platos wiederfinden kann: Die echte Liebe zwischen Mann und Frau enthält stets ein wunderbares »märchenhaftes« Element, das man nicht verstandesmäßig zu erklären vermag.

Um solche Vorgänge auch nur ansatzweise zu begreifen, muß man Märchen und Mythen hören und erzählen können: von Nymphen im Schwanenhemd oder auch von Kloster-Jungfrauen, hinter deren Rücken der Verliebte das Aufleuchten von durchsichtigen Engelsflügeln wahrzunehmen glaubt.

Die Renaissancen aus dem Mittelmeerraum

Auf den Märkten der Griechenstädte des Schwarzen Meeres vollzog sich durch Jahrtausende eine endlose Begegnung. Dauernd verschmolzen die Bildungsschätze der Mittelmeerküsten mit dem naturnahen Empfinden der »wilden Barbaren«. Viele der ältesten Dichtungen unseres Mittelalters schildern darum ganz ähnliche Wundervölker und Märchentiere, wie wir sie aus den Reisen des Odysseus kennen.

An diesen nördlichen Ufern der Griechen und Skythen wirkte bekanntlich auch Ovid, dieser Dichterfürst des Altertums. Auch er versuchte in seinen *Metamorphosen* den Inhalt und den Sinn der antiken Sagen nochmals zusammenzufassen: Gerade bei ihm finden wir bereits eine erstaunliche Übereinstimmung mit dem Inhalt der unzähligen Heldengeschichten, wie sie sich nach den Völkerstürmen des Mittelalters ausbreiteten.

Die skandinavischen Chroniken des Snorri Sturleson beginnen mit den Wanderungen vom Schwarzen Meer. In diesem Raum setzten sich die Weisen der Goten, die dann nach Norden und Westen zogen, mit den vorangegangenen Kulturen des Mittelmeers auseinander. Hier begegneten sie den »seltsamen Völkern«, deren Erinnerung noch tief in unseren Kindermärchen fortlebt. An den Ufern der großen Ströme trafen die Helden die schönen Wassermädchen und erhielten deren Wundergaben. Hier erstrahlten die Götterburgen von Asgard und Wanaheim, in denen eine hohe Kunst lebte: die Fähigkeit, Phantasie und Wirklichkeit zu verschmelzen.

Die Dichter, gleich Ovid, saßen während der Jahrmärkte und in den Gaststuben der griechischen Siedlungen mit den Nomaden der Völkerwanderung zusammen: So stand das Wissen der Griechen an der Wiege der neueren Kulturen.

Die Nymphen mochten im Umkreis der römischen Stadtzivilisation kaum noch denkbar sein. Unglaubwürdig hörten sich zu Anfang unseres Zeitalters ihre naiven Geschichten von der Natur an, die vom Göttlichen erfüllt war – wie ein

Jeder Bewohner von Flußländern und Seeküsten liebt die Nymphensagen: zumindest wenn er sich der Erlebnisse und Träume seiner Jugend erinnert.

Goldpokal voll berauschenden Weins. Diese Liebe zwischen Mensch und Umwelt sollte von nun an überall auferstehen.

In der Schule lehrte man uns, die Schöpfer der Renaissance hätten sich an den Bildwerken der Griechen begeistert. Das ist sicher eine Abschwächung der Tatsache, daß die Künstler sich damals als wiedergeborene Hellenen erlebten.

Gerade der große Wissenschaftler Theophrastus von Hohenheim, genannt Paracelsus, sieht seine Umwelt wieder mit Nymphen und ähnlichen Wesen erfüllt. Die alten Schriftsteller, die darüber schrieben, entfesselten ihm zufolge nicht etwa ihre grenzenlose Phantasie. Die antike Überlieferung und die lebendigen Alpensagen, etwa die seines geliebten Kärnten, berichten das gleiche: Die ganze Umwelt ist vom Strom der allgegenwärtigen Lebenskraft erfüllt. Ausdrücklich versichert er, es sei viel mehr echtes Wissen in den Berichten um das Nymphenvolk als in all den gelehrten und boshaften Religionsstreitigkeiten seines Zeitalters …

Der hochgelehrte Astronom Bailly gehörte im 18. Jahrhundert zu denen, die viele Sagen der Griechen als ihr Wissen um die Gestirne zu deuten versuchten. Als der französische Philosoph und Dichter Voltaire sich im malerischen Ferney am Genfer See niederließ, forderte jener ihn auf, seine Nachbarn, die Alpenbewohner, gut zu beobachten. Hier lebe man schließlich noch mehrheitlich »von der Milch der Herden, genau wie die Urväter«. »Zeigen sie (die Berghirten) euch nicht, wie man glückselig leben kann, indem man das Bild dieser Jahrhunderte (der fernen Vergangenheit, S. G.) der Gerechtigkeit und der Unschuld weitererhält? In dieser Höhenlage entfernt man sich von den grobe Krankheiten erzeugenden Dünsten. Die dortigen Bräuche sind rein, genau wie die Luft, die man einatmet.«

Auch der belesene Altmann spielte in der Alpenrepublik Bern 1735 mit dem Gedanken, daß gerade in seinen Landsleuten viel aus dem fortwirkenden »Griechentum« stecke. Der Einfluß und die unabhängige Stellung des weiblichen Geschlechts galten ihm als Beweis dafür: »Bei unseren Frauen werden die Männer nicht nur, wenn sie blind sind, sondern sogar, wenn sie sehend sind, durch Winke geführt, bewegt und geleitet.«

In das Leben verliebte Menschen taten auch damals alles, um diese Unschuld der Urzeit in einer märchenhaften Landschaft wiederaufleben zu lassen. Der Dichter und Politiker Sigismund-Ludwig von Lerber (1723–1783) schrieb eine französische Dichtung zum damaligen »griechischen« Lebensstil. Er schildert den Versuch, auf einem gastfreundlichen Landsitz gleichsam außerhalb der Gegenwart zu leben. Man brauchte eine Entspannung in ewigen Gedanken und Bildern, fern aller Langeweile der Stadtzivilisation und deren politisch-wirtschaftlichen Sorgen ... Den trüben Dünsten, die auf dem Geist des 18. Jahrhunderts lagen, könne man so entkommen.

Lerber erzählt von der Absicht seines Gastgebers, des Herrn Christoph von Steiger: »Man kann übrigens, wie du weißt, mit der Hilfe der Magie das bescheidene Dach eines Meierhofs in ein reiches Schloß verwandeln.« Doch der trübsinnige Aberglaube der Zeitgenossen täuschte sich, wenn er glaubte, im Kreis der Freunde um Steiger und Lerber seien dunkle Zaubermächte am Werk. Die göttliche Kunst (art divin), sich eine magische Welt zu erschaffen, beruhe vor allem in der eigenen Begeisterung: »Begabung, Jugend und Freiheit, das ist das Lehrbuch der Magie (le grimoire), das der Weise benützt.«

Wie im Zeitalter des mittelalterlichen Magiers Merlin, mit dem Lerber im übrigen den Gastgeber Christoph von Steiger vergleicht, verwandle sich das eher bescheidene Landgut in einen »Musentempel«. Man fühle sich auf dem griechischen Götterberg Parnass, wo »jeder von uns ein Apoll ist«. Bald finde man sich auch in den Lustgärten des griechischen Philosophen Epikur: Dann ergäben sich die Gäste »unter diesen uralten Linden« der Begeisterung von »Olympischen Spielen«.

»Wir sagen, daß das einzige Studium, welches einige Gewißheit bringe, das Studium unserer Freude ist.« Kunst, Philosophie und Sport sollten im Menschen wieder Seele und

Körper zu einer gesunden und glücklichen Einheit verschmelzen. Man brachte den Schönen der Umgebung romantische Ständchen und erfüllte die warmen Nächte mit verliebter Musik. »Alle Künste« (tous les arts) wurden so wieder zu Dienern der menschlichen Lust am Dasein: »Erfüllt von einem neuen Feuer, lernt man das Leben von Herzen zu schätzen. Das Lachen, der Jubel, der Frieden verlassen niemals diese Wohnung ... Die Sonne glänzt dort zu jeder Stunde.«

Der gleiche Dichter Lerber besuchte auch seinen Freund Steiger auf dessen Gut Tschugg am Fuß der Juraberge. Er bewunderte dort wiederum die Alpen und die noch erhaltenen Bräuche eines echten Hirtenlandes. Er blieb überzeugt, daß die Götter Griechenlands künftighin bei uns Hof halten werden. Besonders schwärmte er von dem glänzenden Apoll, dem Gott der Harmonie. Ganz entsprechend seinen Neigungen könnte dieser in der Bergheimat leben. Gerade hier seien, wie er dem Olympier zuruft, genug der »Nymphen, würdig, dir zu gefallen«.

Solche Versuche, ein fortlebendes Griechentum anzunehmen, erzeugten auch im 18. Jahrhundert die Stimmung »Zurück zur Natur«. Wiederum Voltaire, der damals führende Philosoph Europas, schrieb zur Dichtung Lerbers: »Ich sehe, daß ich nicht schlecht tat, mich in einem Land einzurichten, in dem man schöpferische Geister dieser Art findet. Man weiß in Paris nicht, in welchem Ausmaß eure Berge Blumen hervorbringen.« Noch der Däne Jens Baggesen besang eine Alpenwanderung, indem er echte einheimische Hirtensagen mit den Stimmungen der alten Dichtung verband. Auch für ihn haben sich die Götter Griechenlands, der Donnergott Jupiter und die Nymphen in der hier noch unzerstörten Natur niedergelassen ...

Wollen wir sämtliche Kulturblüten Europas durch die Jahrhunderte begreifen, müssen wir uns um alle diesbezüglichen Hinweise kümmern. Wahre Kunst entsteht stets nur aus Lebenskunst; es ist jedesmal ein Abenteuer, die Natur um sich und in sich voll zu erkennen und zu genießen.

Von Meernixen, Nereiden, Tritonen

Die Naturgeschichte der Fischmenschen

Die Nymphen sind, trotz ihrer häufigen Verwandlungen (Metamorphosen), in der Regel ganz und gar menschengestaltig. Es gibt aber unter ihnen Stämme, die genau unseren Nixen, also schönen Halbfisch-Frauen, entsprechen.

Oceanus ist der »älteste der Götter« und Herr der Meere und Gewässer, die unsere kleine Welt des Festlandes umströmen. Wenn er durch die Wellen dahinzieht, ist er von den wunderbarsten Mischwesen umgeben. Seine Gattin, die geheimnisvolle Tethys, ist die Mutter der zahlreichen Meertöchter, der Oceaniden.

Als Begleiter des mächtigen Paars, gelegentlich auch als deren Sohn, erscheint der etwas verwirrende Triton. Mit vollen Backen bläst er sein Muschelhorn, mit dem er die Gewässer in Bewegung setzen kann. Er scheint zuweilen wie aus all den Geschöpfen des Wassers zusammengesetzt, die die griechischen Seefahrer erstaunten. Er ist die Verkörperung der Meerwunder.

Benjamin Hederich schreibt von seinem Aussehen, das ihm die antike Kunst verlieh: »Er war von oben bis an die Beine einem Menschen gleich, nur hatte er statt der Haare Wassereppich und statt der Haut kleine blaulichte Schuppen. Unter seinen Ohren zeigten sich Kiemen, er hatte blaue Augen, einen breiten Mund und Tierzähne. Sein übriger Leib war die Hälfte eines Delphins. Dort, wo der menschliche und der fischartige Teil seines verwirrenden Leibs zusammenstießen, besaß er noch zusätzlich ein Paar Roßbeine ...«

Der römische Naturforscher Plinius scheint das Volk der Tritone nicht für ein Sinnbild, sondern für eine Tatsache gehalten zu haben. Gleichzeitig berichtet er über die weiblichen Bewohner der Meereswellen: »Auch die Nereiden sind keine Fabel. Nur ist ihr Körper (wie bei den Fischen) mit Schuppen bedeckt, wo sie menschliche Gestalt haben.«

Bis in die Neuzeit schmückten Maler und Kupferstecher die kunstvollen Seekarten mit der Darstellung solcher Wesen. Wenn wir die Aufzeichnungen der alten Weltreisenden studieren, staunen wir über die Zahl von entsprechenden Zeugenaussagen. Offensichtlich erzeugt die Umwelt des glänzenden, stets unruhigen Meeresspiegels auch in sachlichen, ernsthaften und mutigen Menschen eigenartige Seelenzustände: Aus der Gischt des Wellenspiels erheben sich dann vor dem hypnotisierten Auge die befremdlichen Gestalten des Volkes der Tritone und Nereiden.

Noch im 19. Jahrhundert verbreitete sich von den europäischen Meerstädten her ein Glaube, der ganz dem der Griechen und Römer entsprach. Gerade zu den erwähnten Stellen beim sonst sehr vernünftigen Plinius schreibt Lenz: »Man zeigt auch jetzt noch zuweilen Seejungfern für Geld. Diese sind aus verschiedenen Häuten zusammengenäht und ausgestopft.«

Mehrfach haben die Nereiden, Nixen und ähnliches Volk bis in die Gegenwart ihre Verteidiger gefunden. In La Haye erschien 1755 das Werk des Franzosen Benoit de Maillet, das *Telliamed* heißt. Der Verfasser vereinigt eine Unzahl von Geschichten über die Seemenschen. Der hochgebildete Mann glaubte an sie und sah in ihnen sogar die Überlebenden einer urmenschlichen Rasse.

Die griechische Dichtung um die schöne Aphrodite oder Venus, die den Meereswellen entsteigt, war ihm zufolge eine Erinnerung: Sie verwies darauf, daß es in den Wellen schon Wesen gab, die uns glichen, bevor der feste Erdboden bevölkert wurde! Benoit de Maillet hat sogar vermutet, daß die Entwicklung und Verwandlung der Meerwesen nicht nur eine

Angelegenheit der fernen Vergangenheit war. Er verweist darum auf Schilderungen seines Jahrhunderts über noch wenig erforschte Länder. Nach diesen soll es Menschenrassen geben, die »neuerdings den Fluten entstiegen sind«.

Der Verfasser war übrigens, worauf der Sagensammler Jean Merrien verweist, kein haltloser Phantast. Er diente Frankreich in verschiedenen Ländern als angesehener Botschafter. Seine Naturbeobachtungen sammelte er mit Gründlichkeit auf seinen Reisen. Zumindest ein Teil davon wurde zur geschätzten und anregenden Grundlage der modernen Meeresforschung!

In der Gegenwart hat sich unter anderen der bekannte Erforscher der Meeresbiologie, Sir Alister Hardy, mit dem Sinn solcher Sagen beschäftigt. Er vermutet, daß unmittelbare Vorfahren des heutigen Menschen für bestimmte Zeitalter in Ufergebieten warmer Meere lebten. Von hier käme die Neigung zum Schwimmen, die uns von den sonst recht ähnlichen Affen unterscheide. Auch die stolze, gerade Körperhaltung der Zweibeiner entstamme dem Waten im tiefen Wasser. Sogar die Körperhaare sollen wir dadurch verloren haben, weil wir sie für die Bewegung im Meer nicht brauchten. Nur auf dem Kopf seien sie uns geblieben; sie beschützen diesen empfindlichen Teil vor den Sonnenstrahlen. In der Regel habe eben das Haupt bei unseren Meerahnen allein aus den Wellen geragt.

Das soll sogar erklären, warum unser Körper, ähnlich den Meerestieren, Stromlinienform besitzt. Aus dem gleichen Grund weisen die uns übriggebliebenen feinen Körperhärchen in eine Richtung, vom Haupt zu den Füßen. Unsere ganze Anatomie wäre demnach für den englischen Biologen das Zeugnis von vergessenen Ahnen. Für dieses Leben als halbe Delphine fand auch der russische Arzt Igor Tjarkovskij eine Bestätigung. Frauen, die unter kundiger Führung im Wasser gebären, haben oft Lustempfindungen. Dieser Forscher vergleicht die werdenden Mütter, die sich gerne in den Wellen aufhalten, mit den Nereiden, Nixen oder Russalken.

Es gibt eine schöne Sage, nach der die Götter und das Leben überhaupt dem befremdlich aussehenden Triton Dank schulden. Als die riesenhaften Titanen, Gewalten der Zerstörung, die Erde erobern wollten, blies das menschliche Seepferd sein weitschallendes Muschelhorn. Die bösartigen Riesen ergriff darob das bleiche Entsetzen. Sie gaben auf und suchten ihr Heil in der Flucht. Drückt sich auch hier eine Ahnung der Alten aus, daß im Fall des Untergangs des Landlebens eine Erneuerung aus dem Weltmeer denkbar wäre?

Wunder um die Uferbewohner

Bis zum Anfang unseres Jahrhunderts lebten die Uferbewohner von Europa noch »magisch«. Viele ihrer Erfahrungen decken sich erstaunlich genau mit denen der einstigen griechischen Inselmenschen. Von den Landratten ließen sie sich in keinem Fall darüber belehren, was im Meer möglich sei und was nicht.

Ein leidenschaftlicher Erforscher des Volkslebens war August Strindberg. Ausführlich schildert er, wie damals nahe der schwedischen Hauptstadt unter den Fischern noch »vollständiges Heidentum« herrschte: »Er (der Held seiner wirklichkeitsnahen Geschichten) berichtet, wie Fischer auf Steinen opferten, die Flinten mit Blei von Kirchenfenstern luden; von den Böcken Thors (des Gewittergottes) sprachen, wenn der Donner rollte; von Odins wilder Jagd, wenn die Gänse im Frühling anflogen.« Sie ließen auch die diebischen Elstern in ihrer Inselwelt unbeschränkt hausen: »Weil sie aus Furcht vor unbekannten Rächern die Elsternnester nicht auszunehmen wagten.«

Strindberg schildert auch den peinlichen Kampf, den die Zivilisation gegen diese schwedischen Fischer führte. Um diese ursprünglichen Menschen endlich durch Staatsbeamte steuerbar zu machen, wurde ihnen mit allen Mitteln ein unduldsames puritanisches Christentum eingebleut. Wohlverstanden, dies taten Menschen, die selber an keinen Gott mehr glaubten! Aber sie sahen in der von ihnen so mißbrauchten Religion eine gute politische Waffe. Mit ihr, die nichts mehr mit der Botschaft der Liebe zu tun hatte, wollten sie die überlieferte Volkskultur auslöschen …

Man kann ruhig sagen, in der Südsee, auf den skandinavischen Inseln, in der Bretagne, im Baskenland und bei den Griechen verschwand der Nixenglaube erst mit dem Ende einer tiefen Überzeugung, dem lange in den Seelen wurzelnden Gefühl, daß die Gewässer die Gebärmutter und die Nähramme des Lebens seien. Der Mensch, der in Traum und Wachen so empfand, fühlte sich selber als naher Verwandter der Seegeister.

Wahrscheinlich wurden besonders begabte, in das Meer verliebte Uferstämme bald selber mit den Nixen verwechselt. Armand Landrin erzählt nach einem alten arabischen Schriftsteller: Im griechischen Meer gebe es die »Wassermädchen« (filles aquatiques). Sie haben eine dunkle Haut und schwarze Augen. Sie sind fröhliche Wesen und lieben das helle Lachen. Sie kommen auf die Schiffe und kosen mit den Seeleuten … Offenbar fanden beide Seiten Wohlgefallen daran. Merrin verweist auf ähnliche Märchenberichte über die ebenso kühnen wie schönen und zärtlichen Schwimmerinnen der Südsee. Auch er vermutet, daß solche Sagen verbreitet wurden, um den Jünglingen den Matrosenberuf anziehend zu machen.

Mein Vater war nach der russischen Revolution von 1920 Steuermann auf griechischen Schiffen. Noch immer erzählte man dort von verwegenen Seefahrern auf dem Schwarzen Meer, die aus einer »Nereidenfamilie« stammten: Nur wer unter seinen Vorfahren eine Wasserfrau zählte, konnte stets unbeschadet durch die oft gefährlichen Wellen reiten.

Mein Vater war fest davon überzeugt, daß es Menschentöchter mit solchen Anlagen wirklich gab. Er erzählte mir von einem griechischen Mädchen aus einem Dorf nahe Odessa, das schon »bevor es auf dem Boden laufen konnte, wie ein Fisch schwamm«. Später heiratete die junge Frau einen recht bekannten Schmugglerkapitän. Sie war aber selten, und dann eher leicht bekleidet, auf den festen Planken anzutreffen. Sooft sie konnte, und namentlich im Mondschein, umschwamm sie den altmodischen, aber erstaunlich tüchtigen Kahn.

Für die Matrosen war es völlig klar, wie die Sage von all den Ozean-Töchtern entstanden war. Durchruderte eine »für das Wasser geborene Frau« im Sternenschein die aufspritzenden Wellen, »mußte man sich richtig zusammennehmen«: Sonst wäre man einem eigenartigen Meereszauber verfallen.

Man hätte nachträglich schwören können, man habe auf ihrem Körper aufglänzende Schuppen erblickt. Es soll vorgekommen sein, daß fromme Menschen, die dies sahen, sich bekreuzigten: Sie glaubten, zu Zeugen einer echten Verwandlung geworden zu sein.

In der Inselwelt von Japan gibt es scheinbar noch immer Fischerdörfer, in denen die berühmten Perlentaucherinnen leben. Sie werfen sich in die Flut, in der sie sich spielend längere Zeit aufhalten können. Sie gehen nackt ins Wasser und sind nach den Fotos, die ich sah, meistens vollkommen gleichmäßig gebaut. Das Perlensuchen ist hier aus verschiedenen Gründen eine Frauenarbeit. Herz und Lunge sind bei ihnen scheinbar stärker entwickelt als bei den Männern. Auch besitzen die Fischerinnen eine Fettschicht unter ihrer Haut, die das Innere des Leibs vor der Kälte schützt.

Im übrigen erkennen wir in diesem Beruf die Auswirkung der alten taoistischen Philosophie und Naturwissenschaft: Die Silberkugel der Perle gilt, genau wie der Mond, als Verkörperung der weiblichen Energie der Schöpfung (Yin). Ähnliche Symbole sind natürlich auch Muscheln und das Meer selbst. Wenn Frauen die echten Perlen aus der Tiefe heraufholen, sollen diese ganz von ihrer »urweiblichen« Kraft erfüllt sein. Viel mehr als die künstlich erzeugten Zuchtperlen sind sie dann die Träger und Bringer von Glück und Gesundheit. Sind die Nixen unserer Zaubersagen, die aus ihrem Wasserreich Wunderperlen holen, die Erinnerungen an solch echte

Meerfrauen? Hat sich auch in dieser Beziehung in Ostasien etwas erhalten, was es einst überall auf den »Nixeninseln« gab?

Durch die leuchtende See

Die wunderbaren Lichterscheinungen um alle Dinge und lebendigen Geschöpfe erfüllen unsere Sagen. Die alten Erzähler, von denen ich die meisten Geschichten vernommen habe, wußten etwa beizufügen: »Einst hat man mehr darüber erzählt. Heute haben wir so viel elektrisches Licht, daß unsere Augen weniger in der Nacht sehen, als das früher möglich war.«

Im Altertum schildert etwa Lucian in seiner Dichtung *Das Schiff oder die Wünsche,* wie eine göttliche Macht den Matrosen in ihrer Not hilft. Sie zeigt sich oben auf dem Mast »in der Gestalt eines helleuchtenden Sterns«. Solche Hinweise können wir unzählige Male in entsprechenden Berichten aus den letzten Jahrtausenden unserer Kulturgeschichte nachlesen.

So etwa, wenn Jacques Cazotte (1719–1792) in seinem Werk *Der verliebte Teufel* die heimlichen und unheimlichen Begegnungen seines Helden mit einer schönen Geisterfrau der Elemente schildert: »Phosphoreszierende Lichter« erscheinen, und die ganze Umgebung verwandelt sich. Alles wird dann möglich, und die Welt ist ein bald lockendes, bald durch ihre Geheimnisse erschreckendes Märchenland.

Der französische Dichter und Geschichtenerzähler Alexandre Dumas hat sich bekanntlich mehrfach mit den Rassen der Tiermenschen beschäftigt. In seiner Erzählung *Die Ehen des Herrn Olifus* berichtet er von den Seemannsträumen eines Matrosen und dessen Liebe zu einer Meernixe. Sehr stark und in genauer Übereinstimmung mit der Volksdichtung wird hier auch deren Erscheinen im freien Meer geschildert.

Das Schiff fährt durch die Nacht. Doch es scheint seine

Reise in Richtung des Paradieses einzuschlagen! Die Stimmung wird immer märchenhafter, weil das ganze Wasser aufflammt und hell zu leuchten beginnt. Dumas läßt seinen Erzähler, den Seemann, versichern: »Man sagt, daß Fische dieses Wunder hervorbringen; ich aber glaube, daß der liebe Gott es ist ... Plötzlich schien mir, als ob mitten aus diesen Flammen etwas wie eine menschliche Gestalt auftauchte.« Mitten im Glanz des Meeres zeigt sich in ihrer unsagbaren Schönheit die Wasserfrau.

Dieses »Leuchten der Wasser« brachte man immer gern mit den Nixen und verwandten »Seevölkern« in Verbindung. Schimmerte es über den Wellen auf, dann war man sicher, daß die Meerleute unmittelbar unter der Oberfläche spielten. Von ihren glatten Leibern sollten Strahlen ausgehen, die das Element durchdrangen und durchsichtig machten »gleich Diamantenglas«. Verbreitete sich das Leuchten gar über eine weite Fläche, dann nahm man an, »dies seien die Spiegelungen der Städte in der Tiefe«. Unter der Oberfläche der Meere sollten die Kristallwohnungen der Meerleute in unvorstellbarer Pracht liegen.

Mein Vater, der es immerhin auf einem Kahn des Schwarzen Meeres zum Steuermann gebracht hatte, sagte später: »Was die Matrosen einander erzählten, mag zur Zeit des Odysseus kaum anders gewesen sein.« Das »Meerleuchten« hat mein Vater mehrfach gesehen und sehr bewundert. Obwohl es viel schwächer war, als er es aus schriftlichen Berichten kannte, machte es auf ihn einen nachhaltigen Eindruck. Die Wirkung wurde dadurch ungemein verstärkt, daß die alten Schiffe noch keine starken Scheinwerfer besaßen und darum meist von undurchdringlicher Dunkelheit umgeben waren.

Auf den Ruf dessen, der »es« zuerst beobachtete, versammelten sich die Matrosen auf Deck und bestaunten das Naturwunder. Die griechischen, bulgarischen und ukrainischen Seefahrer pflegten dabei einige Gebetsworte zu murmeln. Sie taten dies nicht etwa aus Angst, um sich vor irgendwelchen

Man betrachte sich moderne mediterrane Volkskunst, die Bilder aus Altertum, Mittelalter, Barock: Die Vorstellungen um die »Menschen im Wasser« wandeln sich nie.

Nachtschrecken aus der tiefen See zu schützen! Das Sich-Bekreuzigen war ein Dank an Gott, »der uns würdig fand, eines seiner schönsten Wunder zuzuschauen«.

Man blickte dann in völliger Stille zusammen auf das sich langsam ausdehnende Lichtfeld. Plötzlich hob einer der Matrosen seine Hand und zeigte in die Mitte der einzigartigen Erscheinung. Es war auf einmal, als treibe in der Mitte des eigenartig sich bewegenden, »wie atmenden« Lichts ein Lebewesen: Mitten im Glanz scheint sich ein von innen leuchtender Leib zu bewegen und in den schwankenden Wellen zu schaukeln.

Mein Vater, der noch die ursprüngliche Schiffahrt kennenlernen durfte, hat mir versichert: Die Matrosen auf dem Schwarzen Meer sprachen kaum je mit »Landratten« über solche Wahrnehmungen, von denen sie im übrigen wußten, daß sie schon den Völkern des Altertums bekannt waren. Auf dem festen Erdboden glaubten sie selbst kaum daran, hielten sie wahrscheinlich für Sinnestäuschungen, doch in der Wunderwelt des Meeres zweifelte niemand, »daß es dies gibt«! Ein alter Matrose sagte sogar zu meinem Vater: »Wer solches nie sehen kann, der lernt das Meer nie lieben und bleibt nicht lange Seemann.«

Alexandre Dumas läßt seinen Matrosen, den Freund einer Nixe, ähnlich versichern: »Wenn Sie lange Reisen machen, ... so dürfen Sie mit den Matrosen niemals von Sirenen oder Nereiden noch von Meerweibchen oder Wassermännern sprechen. Auf dem Lande geht das noch, da lachen die Matrosen darüber, aber auf dem Meer haben sie das Reden darüber nicht gern.«

Beim Delphinenvolk

Die häufigen Sagen über die Nereiden und verwandte Wesen erklären viele moderne Wissenschaftler aus Mißverständnissen: Bei »schwankenden Lichtverhältnissen« verwechseln demnach die Seeleute Delphine, Seekühe oder andere Säugetiere des Meeres mit schwimmenden Menschen.

Es hat nun sicher zu allen Zeiten Verwechslungen zwischen Wassergeschöpfen und schwimmenden Menschen gegeben. Künstler folgten nicht ihrem Augenschein, sondern verfertigten Holzschnitte von übertrieben menschenähnlichen Seetieren, die solche Mißverständnisse ermöglichten. Aber das sind Spielereien, die nur unerfahrene Zeitgenossen verwirren: Die echten Seeleute lebten aber nun einmal auf dem Wasser in ihrem eigenen Element; sie mußten, wenn sie überleben wollten, gut und sehr genau beobachten.

Auch waren die Matrosen sicher mit den Bewohnern der Uferstädte befreundet, die lange Erfahrungen mit der Jagd auf Meertiere besaßen. Daß sie nicht sachlich und scharf genug beobachteten, richtige Menschen darum mit Tieren verwechselten, ist eigentlich schwer vorstellbar. Wir können niemals über Sagen reden, wenn wir nicht die Umwelt berücksichtigen, die sie geboren hat.

Die unglaubliche Anzahl von Berichten über die »Fischmenschen« wird uns eher verständlich, wenn wir die Geschichten der Meeranwohner von Kamtschatka, Sibirien bis nach Island und Kanada hören. Magische Stämme, die als Nachbarn der »echten« Menschen den Norden bewohnen, vermögen sich nach diesen Berichten in eigenartige Meeressäugetiere zu verwandeln. Wer dann diese Geschöpfe in bestimmten Stunden im Wasser sieht, der vermag ihre Umrisse »nie ganz genau zu erfassen«. Es flimmert ihm vor den Augen, ganz als sehe er durch den Schaum der Brandung oder durch Nebel hindurch. Bald ist es ihm, als entdecke er deutlich die Gestalt eines Menschen und dann wieder die Flossen und den Schwanz eines Wesens aus dem Fischreich.

Für die Griechen und noch die europäischen Künstler von Barock und Rokoko tanzen und spielen die Delphine mit den Nereiden und Tritonen. In gewissen Schloßteichen bilden die Meersäuger mit all den Kindern des Meergottes ein richtiges Gewühl. Zusammen tauchen sie und zeigen sich an der Oberfläche. Es ist nun schwer, auf den ersten Blick zu erkennen, wo die Grenze zwischen den mehr fischähnlichen und den mehr menschenähnlichen Gestalten verläuft.

In den alten Schloßbibliotheken stehen die mächtigen Lederbände der alten Naturkunde. Es wurde mir mehr als einmal erzählt, wie die hochgebildeten Dichter und Denker des 18. und 19. Jahrhunderts an Teichen mit solchen in Stein gehauenen Märchengestalten saßen. An diesen Plätzen suchten sie die Wunder des Weltmeeres vor ihr inneres Auge zu bringen. Die Bilder der Tritone und Nereiden ließen vor ihnen die See erscheinen, wie sie die griechischen Ahnen ihrer Kultur schauten; alles von einem geheimnisvollen Leben durchflutet, das zum Menschen in mannigfaltiger Beziehung steht.

Gerade die Griechen konnten sich mit den Delphinen nahe verwandt fühlen. Über den antiken Glauben hatte noch Oppianus ein Wissen, das uns die Pforte zur Naturkunde der Alten aufreißt: »Einst waren sie (die Delphine) Menschen; jedoch Bacchus verwandelte sie. Seither wohnen sie im Wasser, besitzen aber immer noch menschliche Klugheit ... Einen Delphin zu fangen ist Sünde und Schande. Wer vollends einen tötet, der ist so schlimm wie einer, der Menschen mordet. Er ist den Göttern ein Greuel, darf sich an keinen Altar mehr wagen, und die bösen Folgen seines Verbrechens gehen selbst auf seine Hausgenossen über.«

Noch das deutsche Märchen, wie es uns im 18. Jahrhundert ein Musäus überliefert, kennt ein ganzes Volk, das sich in bestimmten Zeiten in Delphine oder ähnliche Wesen verwandelt. Er hat es mit der südfranzösischen Dauphiné (deutsch Delphinat) in Zusammenhang gebracht. Dies könnte dafür sprechen, daß dieser märchenhafte Bericht in Richtung des Mittelmeeres weist. Dort lebte schließlich im Altertum die Sage von den menschenklugen Delphinen. Sie galten, wie wir schon sahen, als treue Diener und Gespielen der Meergötter. Sie pflegten mit den Schwimmern zu spielen und retteten auch Menschen in Seenot.

Das Reich der Menschen, die sich regelmäßig in Delphine

verwandeln, ist auch entsprechend gestaltet. Bei Musäus wird es ganz in diesem Sinne geschildert: »Als er (der Ritter) eines Tages erwachte, befand er sich in einem königlichen Palast auf einer kleinen Insel. Gebäude, Lustgärten, Marktplätze, alles schien auf dem Wasser zu schwimmen. Hundert Gondeln schwankten auf den Kanälen auf und ab, und alles lebte und webte auf den offenen Plätzen in fröhlicher Geschäftigkeit. Kurz, das Schloß von Schwager Delphin war ein kleines Venedig.«

Die Delphine und damit die Delphinmenschen galten als Kenner der großen Geheimnisse der Natur. Wer sich ausmalte, nach dem Tod ein Dasein als Delphin zu verbringen, schätzte sich glücklich. Ein solches Leben galt noch bei den griechischen Seeleuten, die mein Vater mehrere Jahre erlebt hatte, als ein unbeschwerter, sorgloser Zustand.

Dies um so mehr, da man sich deutlich erinnerte, »daß bei den Alten der Delphinmord als ein schweres Verbrechen galt«. Glänzende Inselreiche sollen einst ertrunken sein, weil ihre gottlosen Bewohner alle Achtung gegenüber den »Völkern des Meeres« vergessen hatten.

Satyre oder Faune

Zwischen Phantasie und Tatsachen

Wir behandeln die Satyre als reine Erzeugnisse der griechischen Phantasie. Doch noch im 16. Jahrhundert und später beschäftigten sich mit ihnen die Naturkundigen. Im großen »Thier-Buch« von Conrad Gesner werden sie ausführlich im Teil über die menschenähnlichen Affen behandelt.

Gesner nennt sie »Geißmännlein«, von dem oberdeutschen Wort Geiß für Ziege. Für diese Satyre oder Ziegenmenschen besitzt er eine Reihe von Hinweisen und Schilderungen von antiken wie von einheimischen deutschen Schriftstellern.

Er beginnt mit der Tatsache, daß auf den damaligen Weltkarten »vielerlei seltsame Völker und etliche Tiere« nicht anders erwähnt werden, »als ob es Menschen wären«. Wenn man sich also während der Renaissance und Reformation mit Geographie beschäftigte, staunte man über die Vielfalt der irdischen Rassen. Es gab nach dem Zeugnis der Erdkunde nicht nur Menschen in verschiedenen Farben – es gab auch verschiedenartige Halbtiere.

Aus diesem Grunde, dies ist die Ansicht Gesners, seien neben anderen Mischwesen »auch die Geißmännlein für Menschen gehalten worden«. Der alte Tierforscher erkannte selbstverständlich in den entsprechenden Berichten aus allen Zeitaltern ausgesprochene Widersprüche: »Etliche haben sie für Götter gehalten, andere für Geister.«

Aus seinen Quellen weiß auch Gesner, daß es Landschaften gibt, die besonders viele Berichte von den Ziegenleuten

Ahnengötter mit »Ziegenhäuptern« beschäftigten gleichermaßen die Phantasie der Griechen, Römer, Slawen und Inder.

aufweisen. So solle es sie im »Indianischen Gebirge«, im Raum des »Königreichs Turkestan«, geben und auch jenseits des Berges Atlas in Nordafrika. Selbstverständlich sollen einst viele von ihnen bei den Götterverehrungen erschienen sein: Hier mag sich die klare Erinnerung an antike Maskenfeste erhalten haben, wo Menschen Satyre und Nymphen spielten, um dadurch an deren Lebenskraft teilzuhaben.

Für die Antike und ihre mittelalterlichen Erben gab es also Länder mit Einöden voll Satyren in allen Weltrichtungen. Nach den alten Gelehrten bewohnten die gleichen Geschöpfe auch ganz nahe gelegene Wildnisse: »In Thüringen, nicht weit von Eisenach, ist ein Berg, Hörselberg genannt. Von ihm wird allgemein gesagt, daß die Geißmännlein darin wohnen sollen.«

Gesner schwankte nicht weniger als seine Gewährsleute in der Erklärung der Erscheinung, von der sie alle Zeugnis besaßen. Handelte es sich hier doch um Geister oder um wirkliche, wenn auch menschenähnliche Tiere? Unser Tierforscher will beobachtet haben, daß die Satyre vor allem den »Furchtsamen und Bluthitzigen« sichtbar wurden, »wenn sie in Einöden oder sonsten allein sind«.

So veranlagte Menschen haben demnach eine Phantasie, die in ihnen in der Wildnis entsprechende Bilder aufsteigen läßt: »Ja in den Träumen kommt ihnen solches vor.« Gesner erklärt uns dies recht modern: »Der, wer gern solches Fabelwerk glaubt, kann wohl sagen, die Geißmännlein seien rechte Menschen.« Die phantasievollen Bewohner der Einöden erzählten also ihre Bilderwelt weiter. Ihre Geschichten wurden im weiten Umkreis geglaubt, weil sie dies mit ganzer Überzeugungskraft, wie wohlbezeugte Tatsachen, mitteilten.

Die Wesen, die in der römischen Kultur den Satyren entsprechen, sind die Faune. Oft wurden sie als teilweise bocksfüßige, tierisch geschwänzte, dicht behaarte, gehörnte Halbmenschen vorgestellt. Sie sind richtige Mitglieder einer Rasse, die noch eng mit der Natur verbunden ist. Unter »Fauna« verstehen wir noch heute die gesamte Tierwelt, die für die Alten unter dem Schutz der Götter stand: Eben von Faun und Frau Fauna.

Die Satyre, Faune oder eben »Geißmännlein« waren also Wesen, die in der Wildnis lebten und denen man darum eine ungebrochene Lebenskraft zuschrieb. Sie werden so häufig erwähnt und abgebildet, daß wir schon dadurch sicher sein können: Im Rahmen der Mittelmeer-Zivilisationen gab es in den Einöden der Waldberge Inseln halbwilder Stämme. Wahrscheinlich betrachtete man ihren Lebensstil auf ihre Art als göttlich und versuchte, ihn nicht zu stören: Schließlich waren große Teile des Landes abenteuerlich steinig und nur durch die erfahrenen Ziegenhirten zu nutzen.

Sagen aus Landschaften, deren Bewohner man auch im 18. Jahrhundert noch mit den griechischen Hirtenvölkern verglich, können wir hier zur Erklärung heranziehen.

Im Schwarzenburgischen, im Guggisbergerland, besaßen die Mädchen die unter den Volkstrachten wohl kürzesten Röcke. Die Sage erklärte dies aus der Einwanderung des eigenwilligen Bergvolkes aus dem Osten, etwa dem Land der slawischen Wenden. Es sollte den Trägerinnen des früher sehr ungewohnten, fast »unsittlichen« Kleidungsstückes ermöglichen, weite Sprünge zu tun. Als Mutprobe bei den kühnen Bergmädchen galt, über recht gefährliche Abgründe zu springen.

Als ich mit Freund Walter Wegmüller das erwähnte Gebiet besuchte, fragten wir bei Ansässigen nach solchen Prüfungen von einst. »Wer früher wie die Mädchen tagelang die launischen Ziegen hüten mußte«, so erklärten sie uns, »für den waren die steilsten Abhänge ein Kinderspiel. Mußten sie dabei von Fels zu Fels springen, wußten sie einen guten Zauber! Sie stellten sich vor, sie seien keine Menschenkinder mehr, sondern starke Ziegen, oder besser, deren wilde Verwandte, Gemsen und Steinböcke. Dadurch überkam sie eine tiefe innere Ruhe, und ihre gestählten Beinmuskeln leisteten noch mehr als gewöhnlich.«

So kann es nicht verwundern, daß sich in den Gebieten

der Ziegenhirten Vorstellungen hielten, wie wir sie aus Griechenland kennen: Es hieß, unter ihren Einwohnern seien echte Satyre, oder sie besäßen jedenfalls das Wissen, sich in diese zu verwandeln.

Im Kreis des Flötenspielers Pan

Aus der fast unübersichtlichen Schar der antiken Tiermenschen ragt der große Pan heraus. Besonders im griechischen Hirtenland Arkadien verehrt, ist er der Gott der Berge und der Wildnis, der Hirten und Jäger. Er ist der Beschützer des Viehs und überhaupt der Tierwelt. Auf den ersten Blick ist er vom Volk seiner Satyre oder Faune kaum zu unterscheiden.

Er hält eine siebenfache Rohrpfeife und eine Peitsche aus Ziegenleder in den Händen. Die naturverbundenen Stämme verehrten ihn, weil sie sich von ihm Fruchtbarkeit, Zeugungsstärke und Lebensenergie erhofften. Die späteren griechischen Dichter und Denker sahen darum in ihm geradezu die ewige Kraft, die das gesamte All (pan) erhält.

Man hat sogar versucht, in jedem seiner Körperteile das Sinnbild eines Teils der Welt zu sehen, die er in ihrer Gesamtheit belebt. In den Hörnern erkannte man etwa den Mond, in den Haupthaaren die Sonnenstrahlen, im Bauch das Meer. Das Fell, das seinen Unterleib bedeckt, wäre demnach der Pflanzenwuchs, seine Füße mit ihren Hornhufen die feste Erde. Das gefleckte Pantherfell, in das er sich hüllt, deutete man als Bild des gestirnten Himmels. In seiner siebenfachen Pfeife sah die alte Astrologie eine Anspielung auf die alldurchdringende Wirkkraft der sieben Planeten.

Nach der Überlieferung ist er eine Art Lehrer der himmlischen Götter, denen er durch seine urzeitliche Weisheit zum Sieg über die Feinde des Daseins verhilft. Als diese durch den schrecklichen Typhon und dessen Titanen von ihren strahlenden Thronen vertrieben werden, gibt er ihnen den entscheidenden Rat: Sie sollten sich in verschiedene Tiere verwandeln, wie er selber in den Ziegenbock. Sie taten es auch, verbargen sich in der Wildnis vor ihren größenwahnsinnigen Feinden und gewannen wieder urtümliche Kraft für ihren nächsten Sieg. Nederich faßt zusammen: »Diese Erfindung (der nützlichen Annahme einer vorübergehenden Tiergestalt) schlug wohl aus. Darum setzten die anderen Götter sein Bild, unter dem Namen des (Tierkreiszeichens) Steinbock, mit unter die Sterne.«

Obwohl die alten Griechen in ihren malerischen Städtchen ein geschmackvolles und schön geordnetes Dasein liebten, feierten sie ihre wilden Nachtfeste. Die Frauen riefen dann die Mächte der Natur an, die Gewalten des verzückten Rausches. Karl Kynast, der die Überlegenheit der nordischgermanischen Rasse verkündete, hielt dies für ganz und gar uneuropäisch! Hier sah er bereits Vorläufer der einheimischen Hexenfeste: »Die liebestolle, dionysisch entfesselte Bacchantin, die zur Nachtzeit, unter Fackelschein und gellendem Flötenspiel, Schlangen in den Händen schwingend, das mit den Zähnen zerrissene Fleisch der Opfertiere roh verschlingend, in lärmenden, tobenden, wildtanzenden Haufen durch die Bergtäler zieht, um das Schweigen der Wälder mit ihrer schamlos röhrenden Begierde zu erfüllen.«

Auf den Bildern dieser Feste toben die Satyre oder Faune zusammen mit den Frauen in der Wildnis herum. Es ist wiederum schwer zu unterscheiden, ob es sich um maskierte Mitspieler handelt oder um Naturkobolde. Es mag wohl wie bei gewissen modernen Festen der schwarzen, braunen und roten Völker Amerikas sein: Kein Mensch weiß nachträglich so genau, was während des entfesselten Tobens Wirklichkeit war ...

Oft mögen schon gewisse Haltungen der tanzenden Leiber genügt haben, um in den Zuschauern die Bilder eines Pan oder der Satyre heraufzubeschwören. Wie im griechischen Liebesroman *Daphnis und Chloë* von Longus der junge Ziegenhirt, der auf Zehenspitzen herumspringt, um die »Bocksfüße nachzuahmen«: Der Mensch spielt das von ihm bewunderte Tier, um dadurch das Geheimnis von dessen Leben zu erfühlen.

Verfasser wie Kynast sehen in solchen Bräuchen den Einfluß einer »dunkeln Rasse«, die vor den eigentlichen Griechen im ganzen Balkan lebte. Auf sie führt er Kultureinflüsse zurück, die er fanatisch ablehnt. Sie seien eben dem vernünftigen, verstandesmäßigen Geist des Abendlandes entgegengesetzt. Die Satyre sind für ihn eine Erinnerung an die Hirtenvölker der sagenhaften Pelasger und deren halbtierische Götter. Als Beweis gelten auch ihm das Aussehen dieser Geschöpfe, das stark von dem der »olympischen« Götter und Helden abweicht. Man betrachte tatsächlich die häufig betonte abweichende Hautfarbe, den eigenartigen Bartwuchs oder die starken, etwas gekrümmten Nasen der abgebildeten Ziegenleute.

Als der große Philosoph Hegel in den Jahren zwischen 1793 und 1796 im Hirtenlande der Voralpen an den Grundlagen seiner Philosophie arbeitete, sah er es anders. Er bewunderte gerade im erwähnten tollen Treiben der griechischen Nachtfeste die ganze tiefe Weisheit der antiken Kultur: »Wenn die Phantasie griechischer Bacchantinnen überschwappte bis zum Wahn, die Gottheit selbst gegenwärtig zu sehen, und zu den wildesten Ausbrüchen einer regellosen Trunkenheit – so war dies eine Begeisterung der Freude und des Jubels ...« Dies habe die Teilnehmerinnen der Feste nicht gehindert, an den nächsten Tagen den gewohnten Platz in der guten Gesellschaft einzunehmen. Niemand verfolgte sie wegen ihres wilden Nachtlebens – und sie selbst taten alles, angenehme Mitbürgerinnen ihrer kleinen Königreiche und Republiken zu sein.

Die Hexen des Alpenraums und der Nachbarländer mögen aus den gleichen Überlieferungen stammen. Doch sie wurden wegen ihrer nächtlichen Ausbrüche nicht anerkannt und seit dem 15. Jahrhundert grausam verfolgt. Sie fühlten sich darum selber als trübsinnige Außenseiter! Sie sanken in verständliche Verbitterung, die das ganze Volksleben vergiften konnte.

Hegel faßte dies entsprechend zusammen: »Aber jene religiösen Ausschweifungen der Phantasie sind (im europäischen Hexentum, S. G.) Ausbrüche der traurigsten Verzweiflung, die die Organe (des Menschen) von Grund auf zerrüttet haben, häufig unheilbar ...«

Wenn gegen Ende der Antike die Tierkulte stark zunahmen, war dies kein direktes Zeichen des Verfalls. Die überzivilisierten Griechen und Römer hofften, in der Weisheit der Hirten und Jäger neue Lebenskraft zu finden: Doch dies war nun einmal im verstädterten Römischen Reich nicht mehr möglich.

Die Griechen hatten ihre Welt wohl als erste »Europa« genannt. Sie vollbrachten eine schwer nachvollziehbare Leistung, von der ihre Kunst und Philosophie zeugen. Sie liebten eben beides: das klare »harmonische« Denken – und die Entfaltungen der tierischen Lebenskraft.

Nachricht von der Roten Rasse

Für die Völker des Altertums gab es also die Satyre tatsächlich. Man scheint vermutet zu haben, daß Menschen mit deren wunderbaren Eigenschaften geboren werden können, sogar mit den aus ihrem Schädel hervorkeimenden Hörnern, »wie sie neugeborene Böckchen haben«.

Nitsch und andere Altertumsforscher des 18. Jahrhunderts haben bereits mehrfach darauf hingewiesen: »Nach Galen (bei Hippokrates) wurden die Satyre mit harten Knorpeln hinter den Ohren gemalt ... Die Bildner verlängerten diese hervorragenden Knorpeln oft zu kleinen Hörnern und wandelten die Menschenfüße in Bocksfüße um.« Nach dieser Auffassung hat das Altertum gewisse äußere Körpereigenschaften, die bestimmte Menschen tatsächlich haben können, nur künstlerisch übertrieben.

Man war offensichtlich überzeugt, daß es ganze Erdteile geben konnte, die von Rassen bewohnt waren, die ziemlich den Satyren der Sagen entsprachen. Die Vertreter der Ansicht, daß der Erdteil Amerika schon den Naturkundigen des Altertums bekannt war, verweisen auf eine Stelle bei Pausanias. Wenn man ihm glaubt, befanden sich weit hinter der Meerenge des Herkules die Inselreiche der Satyre. Wie man genau weiß, handelt es sich bei dieser vielerwähnten Wasserpforte um die Seestraße von Gibraltar. Wenn nun die alten Matrosen durch diese kamen und bis in den Atlantischen Ozean vorstießen, nahten sie Ländern mit wilder Natur. Zivilisation, zumindest im Sinn der Staaten des europäischen Mittelmeerraums, sollte es in diesem Raum keine geben.

Das wollüstige Volk der Satyre lebte dort. Sie hatten mächtige Tierschwänze, die nach der Stelle bei Pausanias so groß waren wie die Roßschweife. Neuere Deuter dieser Stelle haben gelegentlich angenommen, daß es sich um mißverstandene Berichte der alten Matrosen handelte. Die niederhängenden Schwänze konnten vielleicht Hinweise auf einfache Bekleidungsstücke aus Tierhaaren sein, wie wir sie bei den Naturvölkern finden.

Am auffallendsten an diesen Geschichten der Seeleute ist der Hinweis, daß dieses Volk ausgesprochen »rote« Hautfarbe besitze – wie man sie auch sonst dem gesamten Satyrengeschlecht zuschreibt. Dies würde tatsächlich darauf hinweisen, daß diese Geschichte von der roten Rasse, zu der man über den westlichen Ozean kommt, auf Tatsachenberichten beruhen könnte: Die Indianer lebten in einer rauhen Umwelt nackt bis spärlich bekleidet. Ihre Haut besaß auch eine annähernd rötliche Farbe. Wie man weiß, wurde dieser Eindruck bei diesen Jäger- und Kriegerstämmen noch bewußt verstärkt. Sie bemalten sich entsprechend, so daß ihre Beobachter schon durch ihr Aussehen dauernd an Blut, Feuer und »glühende« Leidenschaften erinnert wurden.

Die auch von Pausanias betonte sinnliche Leidenschaft der roten Satyrrasse des fernen Westens scheint ebenfalls einen Wahrheitskern zu enthalten. Es wird berichtet, daß man während den Kämpfen der Angelsachsen mit den indianischen

Urbewohnern von Nordamerika diese gerade für ihre »Wollust« haßte ... Sehr viele Frauen, die von den »Wilden« geraubt wurden, kämpften nachträglich sehr häufig gegen jeden Versuch ihrer entsetzten Angehörigen, sie zu befreien. Das Liebesleben der Indianer war offensichtlich im guten Sinn sehr naturverbunden: Ihm gegenüber erschienen die Zustände unter den gehemmten Weißen als eine Verhöhnung der angeborenen Sinnlichkeit.

Schon bei Kolumbus und anderen Amerikafahrern werden die Stämme Amerikas geradezu mit Menschen vor dem Sündenfall verglichen. Dauernd werden wir an die griechisch-lateinischen Berichte über Satyre und Faune erinnert, in denen diese »roten« Menschen bald mit Tieren und dann wieder mit den lebensfreudigen Göttern verglichen werden.

Gelegentlich wird angenommen, daß William Shakespeare in seiner Dichtung *Der Sturm* die Märchen der Seeleute über die westlichen »Inseln« verwendete. Die Berichte über deren Einwohner erschienen ihm so verwirrend, daß er darum die verschiedenen Wundereigenschaften auf zwei Zaubergeschöpfe verteilte: Da ist einmal der engelhafte, mit seinen magischen Kräften spielende Ariel, dann der unbezähmbare, grausame, urmenschliche, fast noch auf der Tierstufe stehende Kaliban. Beide scheinen den Eindruck einer in Amerika neuentdeckten Menschheit wiederzugeben, deren Eigenschaften für die Zeitgenossen von Shakespeare gleichermaßen schwer verständlich waren: Der große Dichter machte deren Heimat zu einem echten Feenland und verteilte die verwirrenden Eigenschaften auf grundverschiedene Gestalten.

Gab es die »roten« Satyre oder Faune nicht nur auf den Inseln der Phantasie, womit die Seeleute von Pausanias bis Shakespeare ihre Hörer bald abschreckten – und dann wieder zu neuen Abenteuern verlockten? Die Nomaden von Europa versichern, daß es einen roten Zigeunerstamm gab, der äußerlich und in seinen Bräuchen vollkommen den Indianern entsprach: Er lebte inmitten der Natur, und das Feuer, das er zu seinem Dasein brauchte, war für ihn heilig.

Eine Reihe von neueren Forschern verband Sagen und Phantasie. Die Indianer und Zigeuner, zumindest gewisse ihrer Stämme, erscheinen ihnen als zwei Äste des gleichen Baums: Auf uralten Wanderwegen kamen sie in die entgegengesetzten Erdteile. Die einen nehmen an, dies sei dank der Meerenge zwischen Sibirien und Alaska geschehen. Für andere gab es eine in vorgeschichtlicher Zeit versunkene Landbrücke im Atlantischen Ozean, die man nach den Berichten des griechischen Philosophen Plato Atlantis nennt.

Noch heute gibt es vom Balkan bis in die Provence tatsächlich Sippen, deren Haut in der Sonne rötlich aufglänzt. Sie betrachten unsere Steinhäuser als »Gräber und Gefängnisse«. Ihre Lebenskraft erklären sie aus den Jahrtausenden, durch die hindurch ihre Ahnen sich »als Brüder und Schwestern der wilden Waldtiere« ansahen.

Beschwörung durch magische Künstler

Der große Pan, der Waldgott und der Musiker des Nymphenreigens, erlebte in der Kunst des 19. Jahrhunderts eine Reihe von Auferstehungen: Aus den Wolken der Phantasien von Malern und Dichtern trat er gelegentlich in die Wirklichkeit.

Der englische magische Schriftsteller Aleister Crowley (1875–1947) übte mit seiner offenen Pan-Verehrung einen besonderen Einfluß auf die Künstler von Ascona aus. Sein Buch *Mondkind* enthält bekanntlich viele echte Einzelheiten aus seinem eigenen Dasein und dem seiner Anhänger. Der Held der Geschichte feiert darin seine Flitterwochen. Sie finden in einer der Märchenvillen statt, umgeben von Olivenbäumen, Thamarinden, Orangen und Zypressen. Der Gehweg auf den Berg ist aus Marmor. Aus nacktem Felsen rinnt das klare Wasser in ein kreisförmiges Becken.

Dort wäscht sich die Braut im Mondlicht und sieht dann aus, als sei sie von einem glänzenden Nebel umhüllt. Der Geliebte naht sich ihr aus der Wildnis. Er ist in ein geheimnisvolles Kleid gehüllt, selbstverständlich aus Ziegenhaut. Von einer solchen Vereinigung, die genau das griechische Urbild verwirklichen sollte, erwartete man eine allseitige Liebe und ein Versinken im Strom der Lebenskraft.

Müde und erschrocken vom naturfernen Wachstum der Schwerindustrie und der Städte, flohen die Gebildeten zu den noch unzerstörten Stränden von Capri und Korfu, nach Sizilien und Kreta. Der Massentourismus war noch nicht erfunden, das dortige Dasein gesund und billig, die Einheimischen gastfreundlich und im Kulturkreis uralter Sitten lebend.

Es war eben damals im Süden nicht teuer, sich von »geborenen« Handwerkern eine Behausung bauen zu lassen, die an die Hochkultur des Altertums erinnerte. Wer es sich leisten konnte, stellte seine Landsitze gern Künstlern in bescheidenen Verhältnissen zur Verfügung. Man wollte eben im noch »griechischen« Süden ein anderes Leben als im kalten und geizigen Norden führen. Auch sah man seine Großzügigkeit glänzend belohnt! Die Dichter und Maler als Hausgenossen wußten den sie beherbergenden Besitzer mit Erzählungen über die »zeitlose Welt des Pan« mitzureißen.

Die magisch-theosophischen Überlieferungen erwachten kraftvoll. Ihre Vordenker suchten Anregungen bei den griechischen Philosophen, besonders den Neu-Platonikern. Der Hirte im wilden Reich der Ziegen wird zum Vorbild. Er erkennt die Natur um sich als göttliche Schöpfung und fühlt sich dadurch selbst als göttliches Kunstwerk. Noch der Maler und Magier Austin Osman Spare (1886–1956) sieht darin ein erhabenes Sinnbild: »Einst habe ich unter euch gelebt. Aus Selbstachtung bewohne ich nun die Orte der Wildnis. Ich bin ein williger Verstoßener, der Gefährte der Ziegen, erhabener und aufrechter als ein Mensch.«

Man hörte noch in unserem Jahrhundert von Festen, die an einsamen, von Mondlicht verzauberten Stränden stattfanden. Selbstverständlich mögen solche Versuche, Seelenstimmungen des vergötterten Altertums zu wiederholen, auch viel komisches Mißverständnis erzeugt haben. Aber man kann über eins sicher sein: Die Einzigartigkeit der Naturlandschaften tat das ihre! Das rauschende Meer und der die Gestirne zurückglänzende Meeresspiegel verwandelten jedes einfache Maskenspiel in einen ewigen Traum.

In sein Bocksfell gehüllt, tanzte der »Herr der Ziegen« heran, begrüßt von Flötenklang, Mandoline oder auch Zimbelschlag. Er brachte den Gruß der Berge, die man irgendwo im Dunkeln des Hinterlandes ahnte, und ihrer Quellennymphen. Wilde und oft halsbrecherische Bewegungen des Pan, Satyr, Faun oder wie man ihn gerade nannte, sollten stets »übersinnliche« Leichtigkeit und »tierische Sicherheit« verraten: Leute führten hier ihre ekstatische Kunst vor, in der sie urtümliche Volksbräuche mit abenteuerlichen Lehren verbanden, die sie an modischen Tanzschulen vernahmen.

Solche Vorführungen in den Märchenvillen des 19. Jahrhunderts sollten »eine Nacht in der anderen Zeit« verwirklichen. Dies galt den Menschen »mit griechischer Seele« geradezu als Heilmittel gegen die Zivilisationsmüdigkeit, also wider Trübsinn und Melancholie: Durch diese entstanden ja, ebenfalls nach altgriechischer Lehre, eine Unzahl von schweren Körperleiden – die sich beim Menschen nach und nach mörderisch auswirken.

Mein Onkel, der Lyriker Anatol von Steiger, erzählte mir als Kind eine Fülle solcher Geschichten, die er mit Lust sammelte. Er selber entzog sich nach Möglichkeit den schwarzen Schatten der dreißiger Jahre, den Schrecken der Großstädte mit ihren zunehmenden Massenkrisen. Er hatte tatsächlich auf einer griechischen Insel noch ein solches »Satyr-Fest« erlebt, das ein wohlhabender Arzt auf seinem Sitz veranstaltete. Mein Onkel litt, wie zahlreiche seiner Zeitgenossen, an Schwindsuchtanfällen. Er versicherte, die Stimmung des Lebensfestes habe seine Gesundheit für einige Jahre wiederhergestellt. (Er starb dann während des Zweiten Weltkriegs, weil es damals völlig unmöglich war, an die sonnigen Ufer Griechenlands zu reisen.)

Auch in der Nähe des alten Fischerdorfes Ascona, auf den

Tessiner Waldbergen, fanden solche Tanzspiele unmittelbar zu Beginn unseres Jahrhunderts statt. Auch hier las man zuerst als »Einstimmung, damit die Vergangenheit in uns auflebe und uns Mut für die Zukunft gebe«, in den Götterlehren der antiken Dichter. Man versenkte sich in die alten Kupferstiche, die meisterhaft die Satyrbilder auf den Griechenvasen wiedergeben. Der eigentliche Auftritt der Ziegengötter war nach solcher Vorbereitung auch kein müßiges Spiel, sondern ein Theater im Sinn des Altertums.

Wie bei den Menschen der griechischen Kultur sollten durch solchen Brauch vergessene Seelenkräfte geweckt werden. Auch wollte man gerade durch ihn die Energien in der Natur besser erfühlen.

Ziegenleute auf hohen Almen

Zauberer im Fell

Eine alte Auffassung erklärt die Satyre und andere Tiermenschenrassen aus der Kleidung, die von naturverbundenen Völkern verwendet wurde: Mit entsprechenden Masken wirkten die Menschen im Halbdunkel wie aus Träumen und Märchen hervorgetreten.

Nitsch und Höpfner versicherten, die Satyrsage stamme »von der Tracht der rohen Hirten, die sich mit Ziegenfellen bedeckten, an welchen die Hörner und Schwänze blieben«. Der Brauch sei zweifellos schon in der Frühzeit von Griechenland uralt gewesen: »Denn Tierhäute waren unstreitig die erste Bekleidung des Menschen.«

Im Alpenraum blieben das entsprechende Treiben und die mit ihm verbundenen Vorstellungen fast bis in die Gegenwart erhalten. Der Holzschnitzer Jakob Tannast aus dem Lötschental wußte es noch in den fünfziger Jahren: »Die Verkleidungen waren schwer und erzeugten in der Fastnachtszeit sogar im rauhen Walliser Wetter eine fast unerträgliche Hitze. Schon allein die Maske der Berggeister selbst, die mit Ziegenfell und Hörnern geschmückt war, ließ mehr Schweiß rinnen als eine Schwerarbeit.«

Doch gewisse Leute ließen es sich nun einmal nicht nehmen, stundenlang verkleidet herumzurasen. Sie ließen unmenschliches Gebrüll ertönen und erschreckten namentlich das andere Geschlecht durch wahre Bocksprünge. Man hielt auch hier das Ausüben der alten Bräuche für gesund. Tannast erklärte es mir so: »Man verliert sogar im strengen Winter durch solches Herumtanzen den Schweiß fast eimerweise. Früher hat man stets versichert, daß es sich dabei um die Gifte handelt, die sich in uns während der dunklen und kalten Jahreszeit angesammelt hätten.«

Die Ziegen mit ihrem unermüdlichen Klettern und Herumspringen galten als Geschöpfe des Gebirges, deren Lebenswille für den Menschen vorbildlich ist. Man glaubte gerade im Wallis: »Die Milch der Ziegen ist für die Menschenkinder am gesündesten. Von unseren Tieren haben wir gelernt, was uns die Kraft gibt – vor allem die freie Bewegung in frischer Luft.«

Auch der schon erwähnte Bergbauer und Maskenschnitzer versicherte mir, übrigens in der Gaststube *Zum Wilden Mann*: »Wir hatten früher diese Weisheit nicht nur im Blut, wir hatten sie uns auch an langen Winterabenden gut überlegt. Als es noch keinen Tourismus gab, waren unsere Täler bei vielen klugen Menschen in den Städten ein wahres Geheimmittel. Sie kamen zu uns und vergaßen hier alle Enge und Zwang.« Auch hier hat mir das Gespräch mit einem klugen Älpler entscheidend geholfen, die griechischen Hirten und deren Satyrsagen besser zu begreifen.

Die entsprechenden Überlieferungen scheinen auch zwischen Altertum und Neuzeit nie ganz abgerissen zu sein. Danckert erwähnt den frühmittelalterlichen Zauberer Desiderius, der einen Rock aus Ziegenhaaren trug. Der bedeutende Kenner der Dichtung unserer Spielleute, Hertz, schildert in diesem Geist das mittelalterliche Jahrmarkttreiben. Die Volksunterhaltung und der feste Glaube, nach dem Bräuche neue Lebenskraft schenken, gingen noch unentwirrbar durcheinander. Die Meister der Volksunterhaltung »hüpften in grotesken Tiermasken umher. Dazu erscholl allerart Musik, das Lied des Sängers und das Gekreisch des Marktschreiers.«

Noch dem Künstler von Louterbourg (1695–1762) verdanken wir das aufschlußreiche Bild eines Jahrmarktarztes. Auch er ist, wie wir deutlich erkennen, »in eine Tiergestalt geschlüpft«: Dies hat damals die Zuschauer nicht abgeschreckt! Es stärkte ihr Vertrauen in einen Mann, von dem sie glaubten, er stehe auf vertrautem Fuß mit den Kräften in Wald und Feld und könne so die richtigen Heilkräuter finden. Er riß sozusagen die Leute in einen wilden Bockstanz, der sie alle ihre Übel vergessen ließ.

Manchmal schildert die Sage den ganzen Auftritt solcher Ärzte als ein ursprüngliches und doch genau durchdachtes Schauspiel der Gesundheit. Der Marktdoktor versuchte mit seinen Geschichten, Witzen und Bewegungen das Volk in seinem Umkreis zum Mitmachen anzuregen: Oft versicherte er, von einem Berge zu stammen, wo auf einsamen Wiesen immer noch der Quell der ewigen Jugend dem Boden entspringe. Dank des unabhängigen Lebens im Freien könnten dort die Hirten hundert Jahre und älter werden. Bis zu ihrem Grabe blieben sie auch im Besitz eines klaren Geistes und der unverwüstlichen Körperstärke.

Meistens hatte ein solcher Arzt der Jahrmärkte noch einige fahrende Musikanten auf seiner Bühne. Sie spielten zündende Weisen. Gerade diese sollten, wie man noch heute erzählt, die Füße der Menschen »verhexen«: Plötzlich mußten diese hüpfen und tanzen, als stammten sie selber aus dem unermüdlichen Ziegengeschlecht.

Gelegentlich wird erzählt, daß die feurige Stimmung auf dem Jahrmarkt übermächtig werden konnte. Sogar die Krüge auf den Holztischen im nahen Bierzelt hätten angefangen, von selber zu klappern und sich geheimnisvoll zu bewegen, ganz als wollten sie sich dem immer stärkeren Hüpfen um das Zelt des Gesundmachers anschließen.

Der Arzt versuchte gelegentlich, einen seiner ratsuchenden Kranken in seinen Frühlingsreigen zu locken. Verlor dieser seine Hemmungen und tanzte zum allgemeinen Jubel mit, dann konnte man sicher sein, er wurde schon bald gesund, »als wäre er neu erschaffen worden«.

Solche Überlieferungen von unseren phantastischen Jahrmärkten lassen uns viele Grundlagen unserer Vergangenheit begreifen! Eigentlich glaubte man noch sehr lange an die Heilwirkung des »wilden Ziegentreibens«. Wohl genau wie

Unsere Kunstgeschichte kennt die Bocksmenschen (oder »Geisselüt«) als behaarte Halbtiere: Oft erscheinen sie als Vertreter einer körperlich vollkommenen Hirtenrasse.

damals, als die Griechen noch von Satyren, Nymphen und dem weisen Kentauren Chiron das frohe Leben zu erlernen versuchten.

Es ist darum verständlich, warum gerade auch mitteleuropäische Heiler gern andeuteten, sie seien Erben der Geheimnisse der Ärzte des Altertums: Häufig genug glaubten sie, sie seien ihrer Herkunft nach Abkömmlinge der weisen und fröhlichen Völker aus dem altgriechischen Kulturraum.

Kräuter für den Bock

Ausdrücke wie Satyre und Nymphen werden bereits im Altertum für Menschen verwendet, die sich fast dauernd in einer übersteigerten sinnlichen Erregung befinden. Noch heute verwenden wir die Worte für Zeitgenossen, in deren Denken die geschlechtliche Begierde vorherrscht: Wir reden dann von Satyriasis oder Nymphomanie.

Die Alten waren offenbar überzeugt, daß gewisse Landschaften, Quellen und namentlich die darin gedeihenden Gewächse entsprechende Zustände hervorbringen können. Wilhelm Heinse erzählt in seinen Anmerkungen zu Petronius vom vielgenannten Satyr-Kraut, dem Satyrion. Es ist dies unser Stendelwurz oder Knabenkraut: Man bereitete es auf vielerlei Arten zu. Groß scheint die Kenntnis dieser offensichtlich durch Jahrhunderte oder gar Jahrtausende weitergereichten Rezepte bei den griechisch-römischen Damen gewesen zu sein.

Der große Naturforscher Plinius versichert, ein Mädchen werde »mannstoll«, sobald es die Wurzel dieser Wunderpflanze in der Hand halte – »bis sie darinnen warm werde«. Heinse ergänzt: »Eben diese Wirkung soll sie auch bei den Männern hervorbringen.« Noch unsere alten Kräuterbücher, die gerade von den Hirten und Bauern der Alpenländer als hoher Schatz aufbewahrt wurden, sind voller Hinweise: Gelegentlich wird sogar die Geilheit der Böcke und Ziegen auf den Genuß dieses Krauts zurückgeführt.

Unsere Gebirgssagen decken sich in dieser Beziehung mit denen der Neugriechen, deren Volkskultur mein Onkel jahrelang studieren konnte: Die Hirten haben an ihren angeblich so kräuterkundigen Tieren die Wirkungen bestimmter Pflanzen beobachtet. Dadurch hätten sie nach und nach selber körperliche Eigenschaften entwickelt, die ihnen einen geradezu übermenschlichen Ruf einbrachten. Trotz ihrer eher einfachen, ursprünglichen Lebensweise in Höhlen und Hütten galten sie aus diesem Grund bei den Gebildeten der Städte als wahre Übermenschen. Mancher von ihnen soll darum mit seinen Gesundheitsratschlägen viel mehr verdient haben als mit seinem Hauptberuf des Tierhütens.

Auch nach Dioscorides empfahlen die Frauen von Thessalien, um in sich »Lust und Begierde« zu erregen und zu steigern, die frische Wurzel des Satyrion »mit Geißmilch zu trinken«. Der bedeutende Kräuterarzt Tabernaemontanus, ebenfalls vielbelesen in den Büchern der Alten, versichert uns: In der Antike sei dieses einzigartige Knabenkraut »wie eine andere Küchenwurzel zu der Speise gekocht worden«. Man kann sich darum leicht vorstellen, daß durch solche regelmäßige Mahlzeiten der gesundheitliche Zustand der Hellenen anders war als in späteren Zivilisationen.

Das Satyrion selber oder auch Medikamente mit entsprechenden Zusätzen spielen ihre Rolle bei Blüte und Verfall des Römischen Weltreiches. Gerade auch Petronius, der im Zeitalter des Kaisers Nero schrieb, schildert öffentliche Gesellschaftsspiele der sich langweilenden Lateiner. Er erwähnt dabei: »Alle scheinen mir Satyrion getrunken zu haben.«

Sicher mag sich ein dauerndes künstliches Aufpeitschen mit starken Wirkstoffen bei ungesund lebenden, kränklichen Menschen verheerend genug auswirken. Die übertriebene Nutzung des Krauts in einem nur auf Lustgewinn ausgerichteten Zeitalter und die Verfolgung durch die Puritaner taten im übrigen das ihre: Die »gefährliche« Pflanze ist heute selten geworden und zu Recht geschützt.

Die Süchtigkeit der traurigen Spätzeit von Rom nach dem

Wundermittel des Ziegenvolkes hat eigentlich nur wenig mit den ursprünglichen Volkskulturen des Mittelmeerraumes zu tun. Wahrscheinlich nahm man die Wurzel ursprünglich im wörtlichen Sinne »mit Ziegenmilch«. Mit anderen Worten, man war überzeugt, daß das von den Tieren stammende Getränk schon im mütterlichen Euter eine echte Zaubermischung sei, das die menschliche Kräuterchemie kaum noch zu übertreffen vermöchte. Schließlich wurde auch der mächtige Blitzgott Zeus oder Jupiter, für die griechischen und italienischen Hirten der Herr aller Lebenskräfte, nach der Sage von den Nymphen mit Ziegenmilch aufgezogen.

Noch bis zum Beginn der europäischen Weltkriege im Jahr 1914 ließen viele Adelige und reiche Bürger ihre Kinder in den Alpen durch Ammen aufziehen. Wohlverstanden, von Frauen, die noch zu echten Hirtenfamilien gehörten und noch immer eine schöne Ziegenherde hielten. Dies sollte, wie man gern sagte, »manche Sünde gutmachen«, wie sie der zivilisierte Lebensstil der Eltern erzeugte. Die große Beliebtheit von Satyren und Nymphen in der damaligen Kunst mag mit dieser Hochschätzung des Hirtenlebens zusammenhängen.

Die auf ihren Beruf stolzen Ammen verließen die Alpen auch nicht für gut zahlende Kunden. Sie waren fest davon überzeugt, daß sich nur in deren Umfeld die heilkräftige Milch entwickelte. Hier gab es schließlich gesundes Wasser, helle Lüfte, muntere Ziegen und die geheimnisvollen Kräuter. Aimée Dostojewski, die Tochter des großen Schriftstellers, bezeugt für das 19. Jahrhundert ebenfalls: »Die Mütter, die ihre Kinder von Ammen aufziehen lassen wollen, sind gezwungen, sie in die Berge zu schicken.«

Beim Stillen der Kinder oder der Pflege von trübsinnigen und darum kränklichen Erwachsenen spielte die Milch von frei in den Tälern herumtollenden Ziegen eine sehr bedeutende Rolle. So wirkte die Kultur aus den Tagen der Nymphen und Satyren fast bis in die Gegenwart nach. Wer an deren zeitlose Weisheit glaubte, dem schenkte sie noch immer Glück und Gesundheit.

Gesundheit in den Geißenflühen

»Geißberge«, »Geißenberge« – und Spuk geheimnisvoller Kräfte, das waren im Alpenraum Worte und Begriffe, die zusammengehörten: Dort, wo die Geißen am liebsten sind, gingen ängstliche Leute oft gar nicht erst hin!

Die einfachste Erklärung für solchen Volksglauben liegt auf der Hand. Die aus der vorgeschichtlichen Kultur stammenden Vorstellungen wurden von der Zivilisation schrittweise zurückgedrängt. Die Geschöpfe oder Geister, die wie Geißen aussahen, wurden immer mehr dem Teufel gleichgesetzt: Dieser besitzt auf alten Bildern sehr häufig die Gestalt von Ziegen und Böcken ...

Der Bergbauer, Ziegenbesitzer und eigenwillige Naturforscher Gadon Krebs, der in seiner wilden Schlucht an den Grenzen der Gemeinden Unterseen und Habkern hauste, hat es uns anders erklärt: Das Urgestein der Alpen war für ihn der Behälter der endlosen Lebenskraft der Schöpfung. Die Pflanzen, die auf der dünnen Erdschicht auf Felsen sprossen, waren darum für ihn voller Energie. Er hatte eine Mühle entwikkelt, die das Urgestein zermalmte. Daraus ist ein ausgezeichnetes Düngemittel im Garten geworden, da es für Kraut und Gemüse entscheidend wichtige Grundstoffe enthält.

Um Beweise war der unabhängige und phantasievolle Forscher nie verlegen. Er führte mich zu Felsspalten, aus deren Ritzen trotz karger Erde starke Bäumchen hervorwuchsen. Er versicherte mir auch, daß seine Ziegen am liebsten auf Bergweiden grasten, aus deren dünner Pflanzenschicht der Urstein hervorragte. Gerade solche Tiere sollen aber besonders viel Kraft zu Spiel und sinnlichem Treiben und auch ausgezeichnete Milch aufweisen.

In den Wörterbüchern der oberdeutsch-alpenländischen Mundart findet man tatsächlich noch den alten Ausdruck »Geißberg-Stein«. Adelung hat ihn so beschrieben: »Eine graue, weißliche, oft auch bläuliche Steinart.« Sie werde »in der Schweiz auf den höchsten Gipfeln der Alpen sowohl als in den Ebenen angetroffen«. Genau in den Klüften, die in diesem Reich der Geißberg-Steine entstanden sind, finde sich der »sechseckige Kristall«.

Auch Franz Josef Stalder übersetzt das Wort einfach mit unserem Granit. Er vermutet, daß der Name Geißberg-Stein aus der Naturbeobachtung der Älpler entstand, »weil diese Steinart auf den höchsten Felswänden zu finden ist, wo Gemsen und Steinböcke ihren Aufenthalt haben«. Er ergänzt diese Erklärung mit dem entscheidend wichtigen Hinweis: Gemsen und Steinböcke habe man einst im Gebirgsraum, zusammen mit ihren zahmen Verwandten, unter dem Sammelnamen »Geißen« gekannt.

Die wilde Granitwelt der Alpen war nun einmal ein Erdteil der endlosen Kletterei. Die Ziegen waren für ihre Laune bekannt, sich oft zu versteigen. Sie wählten gefährliche »Geißewägli«, also Pfade, die eigentlich nur für ihre Muskeln und Hufe gemacht schienen. Man erzählt, daß sie dann oft die Hirten zu necken verstanden.

Um ihre übermütigen Tiere zu retten, wagten diese Bergmenschen geradezu lebensgefährliche Klettereien. Sich Schritt für Schritt vorwärtstastend, nahten sie sich mühsam dem »Opfer« der eigenen Verspieltheit. Doch genau in diesem Augenblick zeigte das Tier, daß seine Kräfte und Künste noch lange nicht erschöpft waren! Mit einem Sprung war es auf einem sicheren Vorsprung – während sein »Retter« sich noch lange überlegen mußte, wie er selber aus seiner peinlichen Notlage herauskam.

Von den Kindern, die in den Alpen, wie einst im alten Griechenland, das verwegene Ziegenvolk hüteten, wird etwa berichtet: Die dünnere Luft der Gebirge und die eigenartigen Erscheinungen des Wetters in den Höhen konnten leicht eine Art »Rausch« erzeugen. Die Umwelt erschien dann eigenartig belebt. Hinter den mächtigen Felsblöcken der Bergwiesen schien auf einmal ein gehörntes Haupt hervorzublicken, das kaum einem Tier angehören konnte …

Von den griechischen Hirten wird uns versichert, daß sie

gelegentlich beim Ziegenhüten von einem »panischen Schrekken« ergriffen wurden. Die Anstrengungen beim Zusammenhalten der Herde und die erwähnten Naturerscheinungen erzeugten offensichtlich ganz ähnliche Erscheinungen wie im Alpenraum.

Bei den Versuchen, die so gern mit dem Menschen scherzenden Tiere einzufangen, verloren auch geübte Bergkinder leicht den regelmäßigen Atem. Wie man es mir erklärte: »Man fällt wie halb erstickt auf den Boden. Bilder steigen wie im Traum auf und wirbeln durch den Kopf. Es ist auf einmal, als wäre man in einem anderen Land, in dem ziemlich alles möglich ist.«

Die Alphütten sind aus mächtigen Balken zusammengefügt. Diese ruhen auf der festen, auch nicht durch Stürme erschütterbaren Grundlage von mächtigen, oft ganz unbehauenen Felsblöcken. In diese hinein führt eine niedere Holzpforte in den dunklen Ziegenstall.

Dieser ist eigentlich noch immer eine Höhle, nicht anders als in der Urzeit. Die gleiche Landschaft erzeugte also einen ähnlichen Lebensstil durch Jahrtausende.

Geister entsteigen dem Urgestein

Wohl jeder Mensch unserer fernen und nahen Vergangenheit kannte Geschichten um Begegnungen mit wunderbaren Geschöpfen. Doch die Zahl der geborenen Märchenerzähler, die fast berufsmäßig darüber redeten, war zu allen Zeiten gering. Sie waren zum Schauen geboren – sie waren Seher.

Savi-Lopez, eine begnadete italienische Sammlerin der Alpensagen im 19. Jahrhundert, hat solche Menschen geschildert. Wenn sie in ihrem Kreis zu erzählen begannen, mußten sie erst in die richtige Stimmung kommen; doch dann erkannte man es an ihren Bewegungen, am Blick ihrer Augen, die nun in unbestimmbare Fernen schweiften. Ihre Geschichten waren nun nicht mehr die Wiedergabe der Erinnerungen, die sie von ihren Großeltern gehört, sie waren nun selbst ihre wiedererwachten Ahnen, die auf ihren Wanderungen all die Wunder geschaut hatten.

Die Runde, die ihnen atemlos zuhörte, war ihnen nun gleichgültig; höchstens war ihnen die gläubig-gespannte Erwartung ihrer Umgebung wichtig. Diese stärkte ihren Geist, noch tiefer in den Schatz der uralten Bilder in ihrer Seele zu greifen, aus dem sie mit wachsender Leidenschaft schöpften.

Sie sahen die Waldkobolde, die Hexen und die wilden Halbtiere, von denen sie erzählten. Sie sahen sie als eine Wirklichkeit, und sie hätten einen Gast für einen Irren gehalten, der in diesem Augenblick solche Wesen in Frage gestellt hätte! Ihre Schau übertrug sich jedesmal auf die Zuhörer, wenn sie auch nur ein bißchen Bereitschaft dafür besaßen. Diese Zeugen hätten die nachträgliche Frage eines Forschers, ob eine bestimmte Geschichte »gut« erzählt worden sei, nicht begriffen.

Auf eine solche Frage hätten sie verständnislos mit den Schultern gezuckt. Die Erzählung kam wie ein Zauber über sie; sie hatten sie miterlebt. Auch wenn sie in früheren Jahrhunderten spielte, für sie war es eine Tatsache, an der es nichts zu rütteln gab. Sie hatten sie mitgeschaut.

Ich habe noch in den frühen fünfziger Jahren in einer Alphütte vom Jahre 1807 im Stollen ob Unterseen auf diese Weise die Geschichte vom »Hardermannli« gehört: Dieses, wild und haarig, mit nicht sehr langen Ziegenhörnchen, lebt noch heute in den Bräuchen: In den Wäldern vom Harderberg lebt es mit seiner ganzen Familie in einer dunklen Höhle. Manchmal kommt es heraus und beobachtet von Ferne die Menschen. Als später Neujahrsbrauch oder erstes Fastnachtsspiel sieht man es jeweils am 2. Januar durch die Straßen des Fremdenorts Interlaken ziehen. Die Menschen, die die Geschöpfe aus der Urlandschaft spielen, tragen Holzmasken. Diese wurden meistens vom gleichen Meister geschnitzt, von dem ich selbst noch einige Sagen vernahm.

Was ich in der alten Hirtenhütte erlebte, war ein klassischer Erzählabend, mit allem, was dazugehört. Im Herd knisterte es, und die Feuerflammen warfen ihren Schein durch die schmalen Spalten. Ein Geiger, der noch beim Fahrenden Volk gelernt hatte, spielte seine Weisen. Sie tönten kaum anders als in Siebenbürgen, Rumänien oder der Ukraine: all die Länder, durch die seine Vorfahren wanderten.

Wir hatten vom Hardermannli und Harderwibli geredet und die Sagen erzählt, wie sie etwa in den Büchern der Sammler stehen: Das Kloster Interlaken sei während des Burgundischen Königreichs zwischen den Alpenseen von Thun und Brienz entstanden. Schon die »Heiden« hätten dort gehaust, sogar die »alten Griechen« seien herübergekommen. (Man behauptete früher sogar allgemein, die Mädchen des nahen Dorfes Bönigen hätten noch immer »schön gerade griechische Nasen«.)

Hatte der Abt des Klosters zu viele Bücher des Altertums in seiner Bibliothek? Man versichert, er habe den örtlichen Mädchen aufgelauert und beim Baden nachgestellt. Einige sagen, er habe sich dazu als Ziegenmann verkleidet. Andere versichern, er sei zur Strafe nach seinem unseligen Tode in ein gehörntes und behaartes Schreckgespenst verwandelt worden.

Der bejahrte und sehr langhaarige Besitzer der Hütte begann nun dazu eine »moderne« Geschichte zu erzählen: Im Frühling seien vor ein paar Jahren heranwachsende Mädchen aus einem Mädchenpensionat auf den Harderberg gestiegen. Noch immer lebte ein Teil der Talbewohner vom Sammeln und Verkaufen der berühmten Alpenkräuter. Sie handelten mit ihnen in den Gasthäusern: Diese einheimische »Würze« sollte bei den Gästen eine ausgezeichnete Verdauung bewirken. Der Alpenraum galt damals noch bei vielen als wahrer Jungbrunnen der Gesundheit.

Hinter einem Felsblock nun hätten die Mädchen hervorguckende Hörner erblickt. Sie nahmen an, es sei der Bock einer der damals noch häufigen Ziegenherden, der sich hier verstiegen hatte. Ahnungslos versuchten sie, das Tier zu lokken, um es dann ins nahe Dorf zu seinen Besitzern hinunterzubringen.

Doch wie entsetzt waren sie, als unter den Hörnern ein lachender Kopf voll mit braunem und silbernem Haar hervorschaute. Das Geschöpf erhob sich zu seiner ganzen übermenschlichen Größe. Es war von allen Seiten mit dichtem Fell umgeben. Mehr zu erkennen war vor Schreck unmöglich. »War es ein halbes Tier oder ein mächtiger Mensch, in Fell gekleidet?« Die Mädchen stürzten die Bergwege hinab. Sie konnten sich später nicht mehr daran erinnern, ob das Wesen ihnen gefolgt sei.

Tagelang lagen sie in heißem Fieber, tranken beruhigenden Kräutertee und erzählten Geschichten von ihrer »struben« Begegnung. Sie wußten später kaum noch, was davon wahr war und was ihnen dann durch ihre Erkrankung nur so »erschien«.

Wir hatten vorher in der alten Hütte über die Alpensagen recht vernünftig geredet. Das Bild, das der Bergler sah und mit dem er unsere Einbildung befeuerte, war aber lebendig. Es war so verschieden von den geäußerten Meinungen wie die Wirklichkeit von einem Schulbuch: Wir sahen das Hardermannli hinter seinem Felsen hervorkommen, ganz als wären wir zusammen mit den armen Mädchen in dessen Reich geraten. Plötzlich ertönte draußen das Meckern einer echten Ziege. Der Klang bildete den Schlußstrich unter die Geschichte, wie ihn wohl besser kein Dichter hätte erfinden können.

Blitzartig verstand ich, wie in gewissen Landschaften die Sagen durch Jahrtausende überleben: Wenn man nur will, entstehen sie immer wieder neu.

Geschöpfe der Eiszeit: Die Yetis

Riesenspuren vom Himalaya bis Kalifornien

Wahrscheinlich die meistgenannte Rasse der Tiermenschen oder Menschentiere ist heute das Yeti-Volk im Himalaya-Raum. Forscher, Bergsteiger und Abenteurer veröffentlichen laufend Berichte über die Schneemenschen, und diese scheinen immer mehr jeder vernünftigen Erklärung zu spotten.

Es gibt sehr alte Berichte über menschenähnliche Großaffen in den indischen Gebirgen. Beim Zoologen Conrad Gesner werden die Erzählungen darüber mit den antiken Satyren oder alpenländischen »Ziegenmännlein« zusammengebracht. Doch es ist unmöglich, alle die Sagen und Beobachtungen allein auf das europäische Altertum zurückzuführen; denn schließlich tauchen die völlig behaarten Halbmenschen ebenfalls in den alten chinesischen Handbüchern auf.

Nachrichten voller Ungenauigkeiten, die man gleichermaßen für die Yeti-Affenmenschen und das »Geißenvolk« der Griechen buchen kann, sind recht häufig. Doch die Unterschiede der beiden sind deutlich: Das letztere treibt sich vor allem in Waldbergen herum, nah all der schönen Hirten und Nymphen. Die ersteren leben meist in Gegenden, in denen die Luft dünn und die Umwelt mörderisch kalt ist. Als Bereiche, in denen man sie trifft, werden Höhen von 4000–7000 Metern genannt. Während die Satyrn höchstens so groß wie wir Menschen sind, ragen die »Bewohner des ewigen Schnees« bis 5 Meter und mehr empor.

Entsprechend der kalten Umgebung wird die Sinnlichkeit der Yetis in deren Sagenkreis bedeutend weniger betont als in jenem um die Geschöpfe der freundlicheren Gefilde von Griechenland und Kleinasien. Beiderlei Tiermenschen stellen aber das Geheimnis und die Verkörperung der Lebenskraft der ursprünglichen Natur dar: die Satyrn in wärmeren, romantisch-freundlichen Landschaften, durchweht von glühender Sinnlichkeit; die Yetis, entsprechend ihren übermächtigen Felsengebirgen, die übermenschliche Macht, die in der Umwelt schlummert.

Das Bergvolk der Sherpas kennt aus alter Erfahrung die geheimen Pfade zu den Himalayagipfeln. Ohne deren Hilfe wäre es den Europäern kaum gelungen, unbeschadet bis in diese Höhen vorzudringen. Ihnen verdanken wir die meisten Hinweise auf die gewaltigen Spuren der Gebirgsriesen im vereisten Schnee: Sie sind es auch, die bei den Lagerfeuern den staunenden Reisenden über all die behaarten Urmenschen, die Yetis, Rimi oder Nyalmo, erzählen.

Es ist nun entscheidend, daß gerade diese Sherpas zu den Völkern gehören, denen ihre Umwelt noch immer heilig ist. Professor John Napier wies darauf hin, daß sie keinerlei wilde Tiere zu töten versuchen, nicht einmal Leoparden oder Bären. Der kritische Gelehrte stellt weiter fest, daß das gleiche Volk kaum zwischen der Realität seiner Umwelt und der von ihm felsenfest geglaubten Wirklichkeit seiner Sagen und naturverbundenen Religion unterscheidet. Ist der Anblick eines Yeti eine sinnliche oder übersinnliche Erfahrung? Ob man dies genau unterscheiden kann, mag uns wichtig sein, für die Himalaya-Stämme ist es aber ziemlich gleichgültig: Es gibt eben und auf alle Fälle die Menschentiere in der Welt der Sherpas. So oder so.

Neuere Bücher bringen eine rasch wachsende Zahl von ähnlichen Beobachtungen aus anderen Erdteilen. Die Fotos der entsprechenden Wesen aus den USA, China und der früheren Sowjetunion wirken wenig überzeugend. Wir sehen meist nur Schatten in einem verwirrenden Gelände. Zahllos sind aber die oft gewaltigen Abdrücke der Hinterfüße der Bergriesen: Sie werden heute so ziemlich überall in ähnlichen wilden Landschaften gefunden. (Leider nehmen zum Ende des 20. Jahrhunderts die Stammeskriege und Umwälzungen überall zu, daher sind Hinweise auf die verschiedenen Wundergeschöpfe immer schwieriger zu überprüfen.)

Es wimmelt zur Zeit in den Vereinigten Staaten und im westlichen und nördlichen Kanada von »Yeti-Abdrücken«. Die Gebiete von British Columbia, das angrenzende Washington, Oregon, Idaho und Kalifornien sind offenbar mit diesen Spuren besonders gesegnet. Angeblich zuverlässige Beobachtungen stammen auch aus New-Mexico, Oklahoma, Iowa, Missouri, Tennessee, Florida: Wegen der erstaunlichen Zeichen auf dem Boden nennt man die selten gesichteten Wesen allgemein »Großfüße« (Bigfoot).

Wichtig scheint uns der Nachweis, daß die ursprünglichen Indianerstämme diese Wesen der Wälder und Berge seit jeher kannten. Ein französisch-kanadischer Priester hörte z. B. in den dreißiger Jahren von den Algonquin-Eingeborenen: Der Großfuß heißt bei ihnen »Windigo«, »er trägt keine Kleider. Sommer und Winter geht er nackt, er leidet nie unter der Kälte.«

Der Yeti und die mit ihm verwandten Rassen in aller Welt wurden in den letzten Jahrzehnten gleichsam zu einem weltanschaulichen Sinnbild: Die Fortschrittsgläubigen, vor allem Menschen aus dem europäisch-nordamerikanischen Raum, erklärten schon im 18. und 19. Jahrhundert, unsere Erde sei gründlich erforscht. Für unsere unstillbare Neugier gäbe es wohl nur eine Flucht vor der drohenden Langeweile: den Vorstoß zu anderen Planeten.

Demgegenüber behaupten Eingeborene, die noch ihre eigenen Überlieferungen bewahren, überall in den durch die Zivilisation wenig berührten Landschaften gebe es noch geheime Tore: Sie führen uns zu Geheimnissen unserer Welt, von denen wir höchstens in unseren Träumen und Dichtungen eine schwache Ahnung haben.

»Wilde Leute« auch im Abendland

Die »Wilden Leute« der alpenländischen Sagen stellt man sich behaart und riesenhaft vor. Ihre Urkraft genügt, ganze Baumstämme und Felsblöcke wie Spielzeug zu bewegen. Sie gleichen den Yeti der Himalayaländer wie Geschwister.

Es gab in den Gegenden von Europa, die lange von der Zivilisation verschont blieben, eigenartige Sippen, die an diese Übermenschen erinnerten. Rassistische Beobachter rechneten diese Stämme weniger den Menschen als den Waldtieren zu. Es gibt sogar Berichte darüber, daß man auf sie mörderische Jagden veranstaltete, nicht anders als auf das Wild der Einöden ...

In seinem Wörterbuch der modernen Zigeunersprachen erklärt der Sprachforscher Wolf auch den Ausdruck »Netoto« (Mehrzahl: Netotsi): »Angehörige einer sehr primitiven nomadisierenden Zigeunergruppe von dunkler Hautfarbe, die langes Haupthaar trägt. Sie zieht ohne Wagen und Zelte umher und nährt sich vornehmlich von Wildfrüchten und Wurzeln.« Der rumänische Gelehrte Popp Serbeianu, der sie anscheinend aus eigener Anschauung kannte, beschreibt sie: »Halb wild und halb nackt. Immer ohne Zweck umherirrend, ... sich von allerlei ekelhaften Dingen ernährend, auf dem Boden schlafend, in den Ruinen Zuflucht suchend ... Die Netotsi sind schwarz und fast Neger. Sie lassen ihre Haare frei wachsen.« Es ist sehr schwer, bei solchen Berichten Sage und genaue Beobachtung voneinander zu trennen.

Der polnische Schriftsteller und Forscher Dr. Georg Stempowski war in der Huzulei und in angrenzenden Bergländern den Traditionen geheimnisvoller Völker nachgegangen. Als Flüchtling vor den Schergen Stalins in Bern weilend, versicherte er uns 1957: Es gab diese »Wilden Waldmenschen« bis in die Gegenwart, als ihre geliebte Wildnis einer rücksichtslosen Zerstörung anheimfiel. Bis dahin waren sie die Bewohner der Einsamkeiten, die sie, gleich den Tieren, auf Schritt und Tritt kannten.

Stempowski erzählte von ihnen eigentümliche Geschichten über ihre Unempfindlichkeit gegen Kälte und Hitze, ihre Fähigkeit, »Spuren zu riechen« oder herannahendes Unwetter zu fühlen. Die Zigeunerstämme der Sinti und Roma bezweifelten ihm zufolge allerdings, daß diese wilden Waldmenschen ihrer Gruppe zuzurechnen seien. Sie neigten dazu, in ihnen die Nachkommen eines Urvolks zu sehen, das bereits in den Waldbergen hauste, »als die Tiere und Bäume noch ganz anders aussahen«.

Der gleiche Pole versicherte: »Sie lebten in kleinen Familien zwischen Balkan, Karpaten und Ural.« Die seßhaften wie auch die eigentlichen Zigeunerstämme sahen in ihnen die Herren der noch ursprünglichen Waldeinsamkeiten. Selbstverständlich gab es in Scherz und Ernst die boshafte Behauptung, daß sie aus einer Verbindung zwischen den »in die Einöden geflüchteten Menschen und deren Getier« hervorgegangen seien.

Man brachte sie oft mit den Waldkobolden des slawischen und rumänischen Volksglaubens zusammen. Gelegentlich versuchten die so gern jagenden Edelleute des Ostens, diese Sippen als Helfer zu beschäftigen: Doch diese sollen sich meist gewehrt haben, den Herren bei der Hetze auf Tiere zu helfen; sie fühlten sich diesen mehr verbunden als den Menschen in den Dörfern.

Das ursprüngliche Volk von der Huzulei bis Rumänien neigte nicht immer zu dem Vorurteil, in diesen Außenseitern eine Art menschenähnlicher Affen zu sehen. Sie staunten über die Erfahrung und das sichere Gefühl der letzten europäischen Wilden, auch im Winterwald ihr Auskommen zu finden. Man behauptet, daß es diesen »schwarzen Langhaarigen« möglich war, Wurzeln, Rinden und Pilze zu erspüren, die ihren Muskeln eine einzigartige Kraft schenkten. Zogen sie sich auch vor den zivilisierten Menschen fast immer in ihre Waldverstecke zurück, so waren sie doch für ihre Gastlichkeit in Notfällen berühmt.

Wie wir wissen, waren gerade die osteuropäischen Rückzugsgebiete dieser halben Märchengeschöpfe sehr häufig von Kriegswirren und Umwälzungen erfüllt. Zu allen Zeiten sei es vorgekommen, daß Flüchtlinge bei den »Wilden« Zuflucht suchten. Obwohl diese die Erfindung des Feuers nicht häufig nutzten (was gerade Stempowski als »wahrscheinlich übertrieben« ansah!), waren sie gelegentlich gute Gastgeber: Wer bei ihnen in den Wäldern Zuflucht fand, »der war für seine Verfolger wie vom Erdboden verschwunden«. Er kam erst wieder hervor, wenn die Luft rein war. Unterdessen konnte er die uralte Kunst erlernen, in der Natur zu überleben. Dadurch war er seinen Feinden haushoch überlegen.

Ähnliches erzählen die Alpenbewohner, z.B. die Graubündner, von ihren »Wilden Leuten«, »Fänggen« oder »Salvans«: »Ein altes handschriftliches Kräuterbuch im Prättigau zählt u. a. die Pflanzen auf, die den Fänggen, auch den Hexen, zu eigen gewesen und deren Gebrauch nur ihnen bekannt war. Es gibt viele Wege und Mittel an, die diese Geheimnisse enthüllen.« Noch heute gilt in unserem Alpenraum die Kunst des Überlebens mit Wildfrüchten und Wildgemüsen als beneidenswerte »Zigeunerweisheit«. Man vermutet, die Wanderstämme hätten sie von den rätselhaften Urbewohnern erlernt, »die noch keine richtigen Häuser besaßen«.

Trotz des Mangels an Werkzeugen gelten den Berghirten die Wilden Leute der Alpen und Karpaten so wenig den »gewöhnlichen Menschen« unterlegen wie die Yetis den Nepalesen und Tibetanern: Unsereiner kann stolz sein, wenn er auch nur eine Ahnung ihres Naturwissens besitzt.

Der Schnee-Affe wird modern

Die »übermenschlichen« Affenmenschen oder Menschenaffen der abgelegenen Landstriche standen zweifellos in den zwanziger und dreißiger Jahren an der Wiege der modernen Massenliteratur, all der Fantasy-, Science-fiction- und Horror-Geschichten, die jetzt Filme und Taschenbücher füllen.

H. P. Lovecraft (1890–1937) war bekanntlich einer der großen Meister und Anreger auf all diesen Gebieten. In einer seiner berühmten Geschichten, *The Whisperer in the Darkness*, geht er ausdrücklich auf die Yeti-Völker ein. Der Schriftsteller mischt ganz offensichtlich die Bilder seiner Vorstellungskraft mit dem Ergebnis seines tiefschürfenden Bücherstudiums. Er spielt hier mit einer Idee, die mehr oder weniger die wichtigste Grundlage seines ausgedehnten Werks wurde: Amerikanische Sagen aus dem Staat Vermont weichen nach ihm »nur geringfügig von den auf der ganzen Welt verbreiteten Erzählungen ab, in denen im Alterum von Faunen, Dryaden und Satyrn die Rede war.«

Sie decken sich nach ihm ziemlich genau mit dem im modernen Griechenland fortwirkenden Volksglauben. Groß sei die Übereinstimmung mit den Geschichten, die noch immer über rätselhafte Höhlenwesen in Wales und Irland umgehen. Wichtig waren für Lovecraft vor allem »die sehr ähnlich lautenden Erzählungen der nepalesischen Bergvölker, die von dem schrecklichen Yeti oder Schneemenschen handeln, der angeblich inmitten der eisigen Felswüsten des Himalaya haust.«

In seiner Dichtung zeigen sich die Helden Lovecrafts mehr oder weniger überzeugt, daß die Übereinstimmung solcher Berichte kaum zufällig ist. »Die alten Sagen müßten doch einen wahren Kern enthalten.« Damit sei die Existenz einer seltsamen Ur-Rasse wahrscheinlich, die durch das Vordringen des Menschen in unterirdische Verstecke getrieben worden sei.

Bei diesem Dichter findet sich bereits eine Idee, die heute eine Reihe von begeisterten Anhängern findet: Der Yeti sei nicht etwa ein riesenhafter Halb-Menschenaffe, der durch eine Verkettung von Zufällen in abgelegenen Teilen der Erde überleben konnte. Möglicherweise müsse man in ihm sogar einen Gast von anderen Gestirnen erkennen. In Wirklichkeit könnte er unsereinem überlegen sein. Der Schneemensch besitze unvorstellbare geistige Gaben, so daß er mit seinen schwerfälligen Beobachtern eigentlich nur spiele. Es gebe für sein Bestehen keinen einwandfreien Beweis, weil er es gar nicht wünsche.

Ein Mitforscher von Lovecraft, zumindest was urtümliche Sagen angeht, war sein jüngerer Zeitgenosse, der Schriftsteller Robert E. Howard (1906–1936). Es gibt kaum viele der geheimnisvollen Tiermenschen-Rassen, die nicht gelegentlich in seinen Abenteuerromanen auftauchen: Harpyien, Satyre, Geschöpfe mit Fledermausflügeln. Wie man weiß, hat gerade er die griechischen und die ihnen verwandten Dichtungen fleißig nach solchen Angaben durchforscht.

Selbstverständlich haben Howards Helden auch gelegentlich einen malerischen Zweikampf mit »Riesenaffen« zu bestehen. Hier nur aus der Dichtung *Shadows in the Moonlight* die Schilderung eines solchen Wesens: »Den Körper bedeckte ein zottiger Pelz, mit Silber durchsetzt, das im Mondschein leuchtete. Die Klauen hingen fast bis zur Erde herab.«

Howard hat nach seinen eigenen Angaben nicht nur aus Sagen geschöpft. Wichtig waren für sein Schaffen auch seine erstaunlich farbigen Träume, die ihn Nacht um Nacht erfüllten. Er war überzeugt, daß unser Unterbewußtsein mit Erinnerungen an Zeitalter und deren Wesen erfüllt ist, von denen kaum noch schriftliche Zeugnisse erzählen.

Hier finden wir wiederum Gedankengänge, wie sie unter den Heilern und Hexen des Alpenraums ganz ähnlich fortlebten. Ein alter Naturarzt von Gwatt am Thuner See berichtete uns 1966 ebenfalls von völlig behaarten Riesen, die er in seiner Jugend in einer Mondnacht sah. Ihr Anblick sei so lebendig gewesen, daß er zuerst glaubte, dies seien »echte« Geschöpfe: Später habe sich sein Eindruck stark verwischt. Er dachte, es handle sich hier um einen echten Spuk, »wie er in den Sagen des Oberlandes reichlich vorkommt«.

Später nahm er an, daß es Stimmungen gibt, in denen dazu veranlagte Menschen »durch die Zeit schauen können«. Wesen, wie es sie vor Hunderttausenden oder Millionen Jahren gab, entsteigen dann unserem Gedächtnis. Schließlich hätten unsere eigenen fernen Ahnen, in welcher Gestalt auch immer, die Urzeit unserer Welt erlebt. Alles, was in ihnen einen tiefen Eindruck hinterließ, wirkt in vielen Geschlechtern nach. Es sei darum leicht möglich, daß die Bilder von einst sogar in Zuständen des Wachtraums vor uns auferstehen – als wären sie noch immer ein Bestandteil der Wirklichkeit.

Der irisch-texanische Dichter Howard hat wahrscheinlich ganz entsprechend gedacht. Dauernd spielt er mit der Möglichkeit solcher Begebenheiten, die in unserem Geist auftauchen können. So läßt er etwa seinen Romanhelden Salomon Kane durch den magischen Klang afrikanischer Trommeln in entsprechenden Urbildern versinken. Die Erinnerungen, die Ahnungen beginnen ob des Zauberklangs in seinem Bewußtsein zu flüstern. Auf einmal scheint es ihm, als befinde er sich in den Nebeltagen der Urzeit, »als Tier und Tiermensch um die Herrschaft kämpften«.

Der Erfolg von Howard und Lovecraft und ihrer meist weniger begabten Nachahmer scheint ihre Auffassung zu bestätigen: Das Volk liebt die Welt ihrer Phantasien. Vergessene Saiten der Seele klingen in den Menschen an. Es ist den Lesern, als erstünden vor ihren inneren Augen Länder und Wesen, denen sie einst irgendwann, irgendwo begegneten.

Mammut-Jäger in Jakutien

Manche Landschaften der Erde, Hochgebirge, vergletscherte Einsamkeiten der Hochalpen, Dschungel oder Wüstenglut wirken auf die Menschen abschreckend: Jede hat aber auch ihre Verehrer, die sich vor Heimweh verzehren, sobald sie ihr fern sind.

Die eisigen Meere und Schneeflächen des Nordens wirken auf die Völker der fruchtbaren Landschaften mörderisch. Schon die Bürokratie der letzten Zaren verbannte ihre Feinde dorthin und erwartete, daß der »Henker Umwelt« (palatsch priroda) sie hinrichten werde. Man brauchte sie dort gar nicht gründlich zu bewachen oder irgendwie zu erniedrigen. In den frostigen und endlosen Weiten eingeschlossen, erlebten sie hier die Strafe der Verlassenheit, wie sie ihnen schlimmer keine menschlichen Kerkermeister zu bereiten vermochten.

Unter dem Diktator Josef Stalin wurde diese Folter »industrialisiert«. Ganze »ungehorsame« Völkerstämme kamen in die Konzentrationslager am Polarmeer. Millionen ihrer Angehörigen starben gleich Fliegen dahin; die Flüchtlinge mußte man gar nicht verfolgen, sie konnten die Stacheldrähte überwinden, wurden aber rasch Opfer der ungezähmten Natur.

Doch Amfiteatrow bezeugt uns, daß einige dieser Menschen hier eine Art Paradies fanden! Sie schlossen sich den sibirischen Stämmen an, die noch immer für sich in der ewig fortdauernden Eiszeit lebten. Sie lernten von den Eingeborenen, in langen Winternächten in verschneiten Hütten eingeschlossen, das Geheimnis der magischen Beziehung zur Natur. Menschen, die zivilisierte Städter gewesen waren, fühlten sich auf einmal wieder als glückliche Kinder einer zeitlosen Welt.

Wurde ein Ukrainer in den hohen Norden verschickt, soll er etwa als bitteren Scherz dazu gesagt haben: »Ich gehe Mammute jagen!« Tatsächlich spielten in der Phantasie des sibirischen Volkes der Jakuten diese »Schnee-Elefanten« bis heute eine bedeutende Rolle: Erstaunlich häufig sind noch aus unserem Jahrhundert die Berichte, daß es an den Grenzen der Winterländer dieses Riesentier noch immer geben soll. Gerade in Jakutien hat man nicht nur ihre Knochen und gewaltigen Stoßzähne gefunden. Sogar ihre ganzen schweren Leiber wurden im Kühlschrank des Eises entdeckt. Hunde haben sie dann angefressen und die sibirischen Jäger ihr Fleisch gekostet – und es noch erstaunlich schmackhaft gefunden. Wen verwundert es noch, daß immer wieder Berichte durch Zeitungen und Tierbücher geistern, nach denen ein kühner Jäger diese Riesen quicklebendig sah?

Im Nebel und Schneesturm sollen sie erscheinen, nicht anders als wanderne Hügel. Sie stapfen schwerfällig und unaufhaltsam dahin, als herrschte auf Erden noch immer die endlose Eiszeit. Gegen die Pfeile und andere Waffen der Jakuten ist die dicke Haut und das dichte Fell dieser Riesen ein undurchdringlicher Schutz: Diese wirklichen Geistermammute in Sibirien und im angrenzenden Alaska sollen angeblich verschiedentlich auch von Europäern gesichtet worden sein. Doch ist mir kein Fall bekannt, daß einer aus den Gespensterherden des Nordens durch moderne Waffen niedergestreckt worden wäre.

Selbstverständlich taucht in den modernen Sagen kein Mammut auf ohne den zu ihm gehörenden Mammutjäger. Diese mysteriösen Jäger des hohen Nordens sollen den Jakuten zufolge genauso aussehen, wie man etwa in modernen Filmen die riesenhaften Steinzeitmenschen oder auch die Yetis darstellt. Auf dem arktischen Boden rennen sie angeblich oft barfüßig, so daß gelegentlich ihre Spuren im Schnee den zufälligen Beobachter erschrecken.

Die Jakuten nennen diesen Yeti des Nordlandes Chuchunaa. Dies bedeutet nach dem Buch von Christan Rätsch und Heinz Jürgen Probst: »Flüchtling, Ausgestoßener, Vertriebener«. Geht dies auf die abenteuerlichen Opfer der Zivilisation zurück, die sich im Reich der Naturschrecken vor den Schergen der unmenschlichen Gewaltherrscher zu verbergen versuchten? Sehen die Jakuten in diesen Eismenschen die eigenen Ahnen, die in den ungastlichsten Winkeln der Welt überlebten? Ein Siedler aus Alaska versicherte mir, daß die Indianer seiner Nachbarschaft von ihren Schneemenschen erzählen: »Ihre Zeit kommt einmal wieder. Das wird sein, wenn der große Winter von neuem vorstößt und alle Länder überzieht.«

Das geheimnisvolle Volk des sibirischen Nordens hat anscheinend eine gewisse Kultur, da sie ihr Wild mit Pfeil und Bogen jagen sollen. Seine Angehörigen sind in zottige Felle gehüllt, von denen man freilich nicht weiß, was es genau bedeutet. Ist diese Bekleidung etwa aus den Haaren des Mammutelefanten? Haben die Eiszeitleute selber einen Pelz, wie auf vielen Darstellungen die »Wilden Leute« des Alpenraums, die riesenhaften Trolle der Skandinavier, die Yetis im Pamir und Himalaya?

Es sind viel weniger Forscher diesen Geschöpfen nachgestiegen als denen in Nepal. Der Grund wird sein, daß die Nordküsten von Jakutien noch immer wenig erschlossen sind. Das scheint mir bedauerlich, weil wir uns gerade hier sicherlich sehr nahe an der Wurzel des ganzen modernen Sagenkreises befinden. Die Schneemenschen oder Schnee-Affen scheinen in der wilden Natur unsterblich, solange es niemand fertigbringt, ihre Umwelt völlig zu zerstören.

Sind auch einmal moderne Zeitgenossen in der ursprünglichen Landschaft der fortdauernden Eiszeit auf sich selber gestellt, tauchen deren Bilder vor ihren Augen auf. Die wirklichen und erträumten Wesen, die in ihr leben, entsprechen den Gegebenheiten der gefährlichen Landschaft wie ein Handschuh den Umrissen der Hand: Das durch die eisigen Nebel dröhnende Mammut mit seinem vom Frost silbernen Fell, der Urmensch, der noch vieles vom Riesenaffen hat und dem wir die Grundlagen der Kultur verdanken.

Leben beide, der Yeti oder Chuchunaa und sein »Haustier«, wirklich noch irgendwo auf Eisebenen der höchsten Gebirge oder am Polarmeer? Sie erscheinen auf alle Fälle in den Träumen der fernen Erinnerungen, wie sie jeder ursprüngliche Mensch in der Tiefe seines Unterbewußtseins in sich trägt.

Menschen-Bären

Die Macht der Stammesmütter

Der Verfasser ist glücklich, in der Stadt Bern aufgewachsen zu sein, die einst ein Waldtier zum Vorbild nahm. Der Chronist Howald versichert, daß man hier vor 200 Jahren überall sein gemaltes Bild sah: »An gar manchem Bauernhaus, sogar an den Hütten der ganz armen Talbewohner.«

Wenn auf alten Darstellungen ein Bär die Stadt beschützt und ihre Feinde zerstreut, denkt man an die »Berserker« des Mittelalters: Das waren nach den skandinavischen Berichten Männer, die in sich die »Bärenkraft« zu beschwören verstanden. Fast ohne Schutz und Waffen stürzten sie sich auf die Scharen der Feinde. Unermüdlich schlugen sie alles vor sich nieder: Sogar die Wunden, die sie dabei erhielten, sollen sich durch ihre Erregung erstaunlich leicht geschlossen haben. Wenn die Schlacht zu Ende war, mußten die Bärenleute lange ausschlafen. Dann waren sie bis zum nächsten Einsatz im Ernstfall recht gutmütige Menschen.

An der Morgenseite des Zeitglocken-Turms, dem Wahrzeichen der Stadt, sah man bis 1770 das Bild des Bären von Allmendingen: Ein Bauernpaar schenkt ihm Äpfel, die er offensichtlich besonders schätzte, um mit ihm in Frieden zu bleiben. Wie man mir noch sagte: »Der Bär war den Vorfahren kein Feind. Er war ein guter Nachbar, wenn man mit ihm umzugehen wußte.«

Obwohl die Bären bei uns längst ausgerottet sind, gab es während meiner Kindheit viele Geschichten darüber, »was man einst von ihnen gelernt habe«: das Sparen seiner Kräfte beim Jagen im Bergwald, das geschickte Suchen von Honig und Pilzen, sogar das Fischen an ruhig oder »faul« dahinströmenden Wassern.

Verschiedene einheimische Schriftsteller und auch fremde Beobachter wollten eine gewisse enge Verwandtschaft zwischen den echten Ur-Bernern und ihrem Wappentier nachweisen. Mit Friedrich August Volmar habe ich oft tagelang über die Bärensagen von den Alpen bis zum sibirischen Jakutien geredet. Er versicherte in einem Buch zum ganzen Kreis dieser Traditionen: »Nicht nur als zufälliges Wappentier führt man also den Mutz, man bekennt sich zu ihm wie zu einem Stammvater.«

Gerade dieser Historiker und Parapsychologe führt als äußere Übereinstimmungen zwischen den Bernern und ihrem Tier an: die erdhafte gedrungene Gestalt und der kurze starke Hals, dazu selbstverständlich der muskulöse Nacken, besonders gerühmt bei den einheimischen Kraft-Männern, den Ringern. Die breite Brust und die machtvollen Arme, die stämmigen Beine und der selbstbewußt gelassene Gang. Das ganze behäbige Wesen und Gebaren. Dazu runde Köpfe, die eher zu gutmütigen Überlegungen neigen.

Der Aufstieg der Stadt Bern zur politischen Macht war stets von Bärensagen umwoben. Als Herzog Karl der Kühne sein Reich ausdehnte, war Fürst Renatus von Lothringen eines seiner ersten Opfer. Er eilte 1476 zu den Bernern, um bei ihnen bewaffnete Hilfe gegen den Feind zu erbitten. Sein zahmer Bär folgte ihm bis ins Rathaus und verstand, mit allerlei flehenden Gebärden die Herzen seiner menschlichen Verwandten zu rühren. Der Krieg, der als Folge entstand, veränderte das Gesicht Europas und beendete das eigentliche Mittelalter. Wenn dieser Bericht, den uns Conrad Gesner mitteilt, einigermaßen stimmt, müssen wir feststellen: Eine Geschichte der Völker ist unvollständig, wenn man deren mannigfaltige Beziehungen zu ihren Lieblingstieren vergißt.

Während nun der männliche Bär im Volk eher als meist gutmütiger Eigenbrötler und Lebensgenießer gilt, soll sein

Weib die eigentliche sorgsame Hüterin der Familie sein. Gerade die Funde zum Bärenkult im bernischen Aaretal bestätigten den Wissenschaftler Johann Jakob Bachofen in seiner Lehre vom Matriarchat, dem Verständnis von Kulturen, in denen die Mütter die eigentliche Sorge für die Nachkommenschaft und damit auch die gesellschaftliche Macht besaßen.

Wenn man will, finden sich die entsprechenden Hinweise bereits im witzigen Werk *Heutelia,* das 1658 gedruckt wurde. Die männlichen Berner sind nach dieser Schilderung vor allem den Genüssen von Speis und Trank zugewandt: Es sind ihre klugen und von wirtschaftlicher Voraussicht erfüllten Frauen, die sich um die Erhaltung des gemeinsamen Besitzes kümmern.

Der fremde Reisende, der diese Zustände beobachtet, stellt zuletzt die Frage, warum hier nicht das kluge weibliche Geschlecht öffentlich die Politik steuere? Die Antwort der Damen der Bärenstadt ist bezeichnend: Die Männer, die im Rat herumsitzen und sich dort eher schläfrig erholen, müssen einen strengen Eid leisten. Dieser lautet, daß sie auf keinen Fall ihre Entscheidungen von irdischem Gewinn beeinflussen lassen … Die Frauen müssen dagegen nicht schwören, also werden sie von den fremden Gesandten mit Geschenken überschüttet. Anschließend sagen sie dann ihren Gatten, in welcher Richtung sie am Schicksal Europas mitzubasteln hätten.

Das winzige alte Bern hatte, genau für diese sprichwörtliche Lust an Speis und Trank, mehr als 200 (!) Kellerwirtschaften. Noch heute rühmt die lebendige Sage diese einstigen Schauplätze der allgemeinen Volkslust: Sie seien richtige »warme Bärenhöhlen« gewesen. In ihnen konnte man echt »gemütlich zusammensein« und erkennen, daß auch das Leben »in der schützenden Mutter Erde« einen wahren Genuß darstelle.

Das geehrte Waldtier

Eine wichtige Eigenschaft, die dem Bären von seinen menschlichen Verehrern stets zugeschrieben wurde, ist seine Güte gegenüber den Schwachen und Schutzbedürftigen: Besonders die »Mütterlichkeit« des Tierweibchens wurde gerühmt.

Von Nordrußland und Sibirien bis in den Alpenraum wird die gleiche Jägergeschichte erzählt: Zwei Männer gingen in den Wald. Sie saßen nächtlich am wärmenden Lagerfeuer und hatten ihre beiden Gewehre an einen Baum gelehnt. Da erschien ein gewaltiger Bär, so daß es ihnen unmöglich war, zur Waffe zu greifen. Einer der beiden kletterte einen Stamm hinauf, fast bis zum Wipfel. Dem anderen blieb zur Flucht keine Zeit. Er warf sich nur flach auf den vereisten Erdboden.

Der mächtige Waldkönig beschnüffelte lange den Liegenden und trottete dann freundlich brummend ins Dickicht. Als der Gefährte sah, daß die Gefahr vorüber war, stieg er von seinem Baum herab und fragte den Kameraden, der sich langsam von seinem Schrecken erholte: »Hat dir der Bär, als er an dir herumschnüffelte, etwas ins Ohr geflüstert?« Der andere antwortete: »Er erzählte mir eine alte Weisheit des Waldes. Du sollst nie mit jemandem jagen gehen, der sich in der Gefahr rettet, ohne sich um seine Gefährten zu kümmern.«

Der Bär soll sehr ritterlich sein und sein Weibchen von einer vorbildlichen Freundlichkeit gegenüber den hilflosen Jungen. Die alten Tierbücher schildern die Kleinen, die noch nicht lebensfähig zur Welt kommen, als unvollkommene, fast reglose Fleischklümpchen. Die unablässige Sorge und das liebevolle Lecken ihrer Mutter schenkt ihnen erst die notwendige Kraft zum Leben. Nur dank einer mustergültigen Pflege werden sie dadurch nach und nach zu richtigen niedlichen Geschöpfen. Es ist also die Mutterliebe, die sie zu Riesentieren heranwachsen läßt.

Es gibt zahlreiche an sich ziemlich widersprüchliche Nachrichten über einen mittelalterlichen »Bären-Orden«. Er soll genau wegen der geschilderten Eigenschaften der Waldbären entstanden sein. Ihm schlossen sich vor allem jene großzügigen Edelleute an, die dem Volk in seiner Entwicklung mit Freundlichkeit und Voraussicht zu helfen versuchten. Der weitblickende und weltgewandte Kaiser Friedrich II. von Hohenstaufen soll ihn gegründet haben: Damit würde sehr gut übereinstimmen, daß von diesem Herrscher die »Goldene Bulle« stammt, die die Stadt Bern an der Aare 1218 erhielt – und die für jene Zeit erstaunliche Freiheitsrechte enthält.

Über die Entstehung dieser »Bärenstadt« gibt es im übrigen viele Tiersagen. In unmittelbarer Nachbarschaft, in der Gemeinde Muri an der Aare, fand man die »Bärengöttin« aus keltisch-römischer Zeit. Es ist eine stolze Frau zusammen mit dem »mütterlichen« Tier: Mit Recht hat man angenommen, daß dies eine Naturmacht war, wie sie die Einheimischen wohl bereits vor dem Beginn unserer Zeitrechnung hoch verehrten.

Die gewöhnliche Sage um den Namen der Stadt Bern, die bereits für das Mittelalter bezeugt ist, macht es sich verhältnismäßig einfach. Herzog Berchtold von Zähringen habe sie im Wald gegründet, weil er mit seinen Jägern ein feierliches Versprechen tat: An einem bestimmten Tage des Jahres 1191 sollte seine erste Beute der neuen Stadt den Namen schenken.

Selbstverständlich gibt es für diese Geschichte eine Reihe sehr abweichender Fassungen. Hier eine hübsche Dichtung um die Stadtlegende, wie sie bereits 1809 gedruckt wurde: Als das mittelalterliche Burgunderreich (888–1032) in blutigen Wirren versank, verschwanden nach und nach alle Zeichen der einstigen Kultur. Die Wälder dehnten sich zwischen Rhein und Alpen von neuem aus, gewalttätige Räuberbanden nisteten sich überall ein.

Die junge Witwe Mechthildis hatte in all den blutigen Schrecken ihren Gatten verloren. Von den Menschen verlassen, irrte sie durch die gefährlichen Wälder, die den Fluß Aare umgaben. Auf einmal wurde sie mit ihrem kleinen Kind von einem grimmigen und halbverhungerten Wolf angegriffen.

Da tauchte eine Bärenmutter aus dem Dickicht auf. Sie erkannte mit einem Blick die Not der Menschenmutter und warf sich wie rasend auf das Raubtier. Ein gnadenloser Kampf entstand, der lange schwankte und erst nach einer geraumen Weile seine Entscheidung fand. Unter den mächtigen Prankenschlägen lag endlich der Wolf in seinem Blute. Aber auch die mutige Bärin hatte eine Unzahl von Bissen abbekommen. Sie konnte sich nur noch mühsam in ihre Höhle schleppen.

Der Herzog von Zähringen erschien, wohl vom Heulen und Knurren angelockt, auf dem Kampfplatz. Er entdeckte neben der toten Bärenmutter ihre beiden Jungen. Er nahm sie in seine Burg mit und zog sie mit Sorgfalt auf. Den Sieg der Bärin im Wald betrachtete er als ein gutes Vorzeichen. Hier erbaute er die Stadt, die schon bald im westlichen Alpenraum eine politische und kriegerische Schlüsselstellung innehatte. Ihr Rathaus kam genau an den Platz der alten Bärenhöhle zu stehen.

Schon unter diesem Bewunderer der Bärentugenden seien, zum Gedenken der Tat, die nach Honig schmeckenden Backwerke entstanden. Schließlich ist gerade das tierische und menschliche Bärenvolk Liebhaber alles Süßen. Die festlichen Lebkuchen zeigen aus diesem Grund noch immer das Bild der mütterlichen Bärin mit ihren Jungen. Diese Tradition wurde immerhin vor fast 200 Jahren aufgeschrieben!

Die Schöne und ihr (liebevolles) Biest

Wenn der Bärenfürst im Märchenroman von Musäus Tiergestalt annimmt, verwandelt sich seine ganze Umgebung. Hier haben wir einen tiefen Grundgedanken unserer Sagen: Jede Landschaft kann paradiesisch oder abstoßend, erschreckend sein. Es kommt nur auf unsere innere Einstellung an.

Wird er aus dem mächtigen Tier der mittelalterlichen Wälder wieder zum schönen Prinzen, vollzieht sich die wundersame Verwandlung. Ein schroffer Felsen wird zu einem prächtigen Schloß. Die wilde Einöde im Umkreis ist nun ein reizender Park. Die trüben Sümpfe wandeln sich in schmucke Teiche mit kunstvollen Springbrunnen und kristallklarem Wasser.

Ähnlich geht es dem Volk dieser Feenwelt. Die Dachse und Marder des Urwalds werden nun zu den Rittern und Knappen des Bärenfürsten. Eulen und Fledermäuse sind schmucke Zofen. Dem menschlichen Zeugen dieses Zaubers der Verwandlungen wird es fast unmöglich herauszufinden: War der Glanz des königlichen Schlosses die Wirklichkeit und das Sumpfland der Tiere und Nachtvögel nur ein Traum? Oder ist es umgekehrt? Schläft er tief in der Wildnis und hat nur ein täuschendes Gesicht der Nacht, das ihm die ganze Pracht vorführt?

Auch hier schöpfte Musäus ganz sicher aus den Überlieferungen der volkstümlichen Märchenerzähler. Die Sagen der europäischen Gebirge, der Pyrenäen, Alpen, Karpaten kennen alle die mögliche Wandlung von Raum, Gestalt und Zeit, wie ich es selber noch mündlich vernahm: Hoch über dem Thuner See befindet sich die Alp Seefeld. Sie ist recht rauh, und nur kurze Zeit wird sie jährlich von den Kuhhirten genutzt. In bestimmten Mondnächten kommt hier aber das »Hexenvolk« aus dem Oberland und dem Emmental zusammen. Sie schauen dann eine »gleich einem Diamanten glänzende« Königsstadt, in deren Sälen sie unvorstellbare Feste feiern.

Im grünen Land, den »ewigen Jagdgründen« unserer Märchenromane, läuft eben die Zeit nach anderen Gesetzen als in der leicht vergänglichen Menschenwelt. Wenn dieser Zug von den Erzählern besonders betont wird, ist die Tiergestalt der Helden weder eine Strafe noch ein böser Zauber. Die »Verwandlungen«, die Hingabe an die Naturkräfte sind dann in den Geschichten dieser Art ein Heilmittel: Dadurch vollzieht sich der Gewinn der Lebenskraft und die dauernde Verjüngung.

Die Zeit der Aufklärung, das 18. Jahrhundert, war durchzogen von einer Märchenwelt »für Erwachsene und Hochgebildete«. Künstler, Gelehrte und Königskinder lauschten den Berichten über die Grafen Gabalis, St. Germain und Cagliostro. Diese sollen bekanntlich das Geheimnis der Veränderung des menschlichen Daseins gefunden haben. Wie unter anderen der romantische Dichter Achim von Arnim andeutet, war die phantastische Kunst seiner Zeit vor allem eine Art Erinnerung: Man träumte wundersame Geschichten, wie sie das vorangegangene Jahrhundert in der Wirklichkeit erlebt haben wollte.

Im »Zauberwald« herrscht auch bei Musäus das Gesetz der ewigen Wandlung, die, wie fast immer in unseren Tiersagen, irgendwie mit den Mondwechseln zusammenhängt. In der Geschichte von der Braut des Bärenprinzen dauert die gesamte »Metamorphose« ein Viertel des ganzen Mondmonats: Sechs Tage ist der Geliebte das mächtige Waldtier und einen Tag ein in jeder Beziehung wunderbarer Mann.

Zuerst findet das Mädchen, das den Bären ehelicht, solche Zustände entsetzlich. Doch nach und nach wird ihr bewußt, daß sie wahrscheinlich das große Los gezogen habe: »Sie bedachte, daß eine Ehe noch gut genug wäre, wo der siebente Tag immer heiter sei … Sie fand sich in ihr Schicksal, vergalt Liebe mit Liebe und machte ihren Albert (also den Tierfürsten) zum glücklichsten Bären unter der Sonne.«

Musäus verweist ebenfalls auf die christliche und islamische Legende über die heiligen Siebenschläfer, die in einer Höhle mehr als ein Jahrhundert verschlafen. Als sie erwachten und ans Tageslicht herauskamen, waren sie »nur um eine einzige Nacht gealtert«. So lebt die Prinzessin des Märchens zur Zeit, in der die Geschichte handelt, bereits 21 Jahre in der Bärenwelt. Die Zeit, in der ihr Gatte das Waldtier ist, verbringt sie offensichtlich in einer Art Halbschlaf. Nur wenn ihr Gefährte ein schöner Prinz wird, leben beide bewußt ihre unerschöpflichen Leidenschaften. Also altert auch die Frau nur in dieser Zeit, das heißt in 21 Jahren nur um deren drei!

Dieses Leben ausschließlich am Tag der gegenseitigen Freude hat verständlicherweise viele Vorteile: »Auch war die wechselseitige Liebe des edlen Paares noch Gefühl des ersten mächtigen Instinkts.« Ein solches Fortdauern und die Entwicklung der Zuneigung und Leidenschaft erschien gerade Musäus und seinen Lesern als beneidenswert vorbildlich: Nur die »glücklichsten der Ehen« könnten sich nach dem beliebten Dichter der entsprechenden Vorzüge oder Vorrechte rühmen!

Ich glaube, in diesem im 18. Jahrhundert aufgeschriebenen Märchen über die Liebeslust im Bärenreich hat sich eine uralte Menschheitserinnerung erhalten. Der Jäger und Schriftsteller Eugen Wyler erzählte mir, was ihm ein »Wilderer« aus dem Vorarlbergischen verriet: Das Lieben zwischen Mann und Frau war in der »fernsten Urzeit« so stark und treu, weil sie in verschiedenen Lebenskreisen wirkten.

Man erzählt noch heute ähnliches von den leidenschaftlichen »wilden« Alpenjägern, wie es sie bis in unser Jahrhundert von Savoyen bis Slowenien so viele gab. Die Frau war den Großteil der Woche bei ihren Ziegen und im Kräuter- und Gemüsegarten. Der Mann dagegen »wohnte« bei den wilden Tieren im Bergwald.

Eifersucht war eigentlich bei beiden unnötig. Sie wußten felsenfest, daß sie sich beide auf die nächste Begegnung freuten. Es war dann jedesmal zwischen ihnen »wie das erste Mal«: Ihre Verliebtheit hielt über Jahrzehnte.

Im vergessenen Weltreich

Die menschlichen »Bärenvölker« haben erstaunlich ähnliche Sagen. Sie sind stolz, mit ihrem Tier verwandt zu sein, und bringen dies bis heute in ihrer Volksdichtung zum Ausdruck.

Als ich die Stadt Jaroslawl im Nordosten des europäischen Rußland besuchte, sah ich deren Wappen – es erinnerte mich erstaunlich an dasjenige von »Bern in Burgunden«. Es zeigt einen aufrecht stehenden Bären, der in seinen Pranken ein mächtiges Beil schwingt.

Die Erklärungen, die ich von den Einheimischen erhielt, lauteten entsprechend: Auch dies sei eine mittelalterliche Gründungsgeschichte. Ein in den dortigen Sümpfen und Wäldern ansässiger Stamm der »Finnen« habe seit »Beginn unserer Welt« den Bärengott verehrt. Eine Art Priesterkönig habe sie geführt, der sich an feierlichen Tagen und auch in Kämpfen »in Bärenfelle kleidete«.

Der Mann war unglaublich stark und schnell und also offensichtlich ein Berserker! Als sich die russischen Siedlungsgebiete vom südlichen Kiew und der Stadt Nowgorod ausdehnten, sei der Fürst Jaroslaw hier mit seinen Kriegern erschienen. Die nordgermanischen Waräger oder Wikinger, zu denen dieser Herrscher gehörte, standen nun den Waldmenschen des Nordens gegenüber. Nach altem Brauch beschloß man, das Blutvergießen zu vermeiden oder einzuschränken. Nur die beiden Fürsten sollten miteinander um die Macht kämpfen.

Die russische Überlieferung macht aus diesem Zusammenstoß fast eine Schicksalsstunde. Germanen und slawische Russen gegen die Finnen. Die sich damals gerade ausdehnende europäische Zivilisation gegen »asiatische« Stämme, die aus den Räumen der Gebirge Ural und Altai stammten. Christentum wider Heidentum. Zivilisation gegen die Urkultur aus der Eiszeit, die hier weiterdauerte.

Der Fürst Jaroslaw kannte aber die Kampfkünste und fällte den als unbesiegbar geltenden Bärenmann. Christliche Kirchen erwuchsen nun am Ort, wo man bisher nur nach »heidnischer Bärenart« die Waldgeister und den Donnergott ehrte. Die Stämme der Finnen unterwarfen sich – ein wenig getröstet, daß das Bild ihres Häuptlings und Tiermagiers in das Stadtwappen kam. Nur ein Teil wanderte in Gegenden aus, in denen ihr Stamm noch immer in heiligen Höhlen ungestört über die Geheimnisse ihrer Umwelt nachsinnen konnte …

Der Mystiker und Kunstmaler Nikolai Roerich (1874–1947) glaubte in der zäh fortdauernden Bärenverehrung des finnisch-russischen und sibirischen Raumes den Schlüssel einer Urkultur zu enträtseln. In seinem Meistergemälde *Die Vorväter des Menschen* (1911) versetzt er uns in die ferne Vergangenheit: Die Gletscher der Eiszeit haben sich zurückgezogen. Eine weite jungfräuliche Naturlandschaft mit Flüssen und Wäldern dehnt sich jetzt in endlose Fernen.

Ein junger Gott spielt auf einer Anhöhe seine Flöte. Es scheint der von Roerich besonders geschätzte Bringer des Frühlings, der schöne Herr Lel zu sein. Mit Recht hat man ihn mit dem griechischen Orpheus oder dem indischen Krishna verglichen. Auch diese beiden, Helden und Dichter in einem, machten schließlich ihre Wundermusik für die ganze Natur und namentlich ihre lieben Freunde, die Tiere der Wildnis.

Ein Kreis von dunklen Waldbären hört auf Roerichs Gemälde dem guten Magier wie verzaubert zu. Hier erkennen wir die Sage, nach der sich gerade die Urbevölkerung der nordslawischen und finnischen Räume aus diesem vielbewunderten Tier entwickelte.

Roerich hat zusammen mit dem Musiker Igor Strawinsky die Ideen des Balletts *Das Frühlingsopfer* erschaffen. Um die glückliche Wiederkehr der fruchtbaren Jahreszeit zu feiern, tanzt in diesem Musikwerk ein Mädchen in maßloser Raserei. Um sie herum stehen die Krieger und Weisen des Stammes in Bärenfellen. Auch dies soll uns an den slawischen Urglauben von der Herkunft vom mächtigsten Waldtier erinnern.

Gerade der Forscher Roerich verwies auf ein mongolisches Märchen, nach dem zwei Brüder der fernen Ahnenzeiten durch eine Katastrophe getrennt wurden. Die Nachkommen des einen wären zu den Stammeltern der eurasischen Stämme des Nordens, die andern zu denen der nordamerikanischen Indianer geworden.

Auf beiden Seiten der Meerenge zwischen Sibirien und Alaska erkennen wir auf alle Fälle die Hochschätzung des Bären als göttlichen Ahnen. Dazwischen finden wir, nach beiden Seiten verwandt, die Sagenwelt der Ainus auf den japanischen Inseln; offenbar ging einst im Reich der Bärenmenschen die Sonne niemals unter.

Die Verbundenheit dieser Völker mit der harten Natur ihrer Heimatländer ist bis heute sprichwörtlich. Berühmt war dazu ihre Körperkraft, die sie aus ihrem tiefen Schlaf herausholen konnten. Der größte Sagenheld in Osteuropa ist der riesenhafte Ilja von Murom. Die Lieder um seine Gestalt leben bis in unser Jahrhundert unter den Fischern und Jägern um die großen Seen des russischen Nordens, die im Osten von Finnland liegen. Er ist ein gutmütiger Einzelgänger, doch gerät er in flammenden Zorn, so kann er mit seinen bloßen Pranken die feindlichen Tatarenhorden gleich reihenweise niederstrecken.

Er vermag Baumstämme wie Strohhalme auszureißen. Ganze Armeen fliehen, wenn sie seine entfesselte Stärke gewahren. Übrigens: Seine Lieblingsspeise ist süßer »Honig-Trank«, dessen Genuß seine »Heldenkraft« (sila bogatyrskaja) jedesmal erneuert und steigert.

Er entstammt einem einsamen Hof, der »in der Mitte der dunklen Wälder« lag, im eigentlichen Gebiet des geheimnisvollen Volks der Muromer. Von ihnen hat er seinen »tiefen Schlaf« erlernt. Dreiunddreißig Jahre habe er auf dem warmen Ofen geruht, und dadurch sei in ihm eine übermenschliche Riesenkraft erwachsen. Die Fischer und Jäger des hohen Nordens von Rußland und Sibirien, schamlos ausgebeutet von Moskaus Bürokraten, hoffen auch im 20. Jahrhundert auf seine Wiederkehr.

»Er ist nie gestorben«, flüstert man am Onega- oder Ladogasee während der Winterstürme, »er schläft nur, doch seine Kraft nimmt in jedem Winter zu. Bald wird er erwachen und wieder einen Honigtrunk zu sich nehmen.« Man hofft noch immer: »Dann wird er sich zu seiner Heldengröße aufrichten und mit Bärenkraft alles Gesindel, das seine Wälder entweihte, wegfegen.«

Die Hunde des Mondes: Werwölfe

Kinder der längsten Nächte

Die Weltschau der Griechen kannte schon sehr gut die Menschen, »die sich in Wölfe verwandeln«. Als ihre eigentliche Heimat galt der hohe Norden. Herodot erzählt vom Volk der Neuroi, das in den Ländern jenseits des Schwarzen Meers und in den Ländern der skythischen Nomaden haust: Einige Tage im Jahr würden sie zu wilden Wölfen.

Über die »Hellenen, die in Sykthnien wohnen«, wurden solche Bräuche auch in Griechenland besser bekannt. Wie die slawischen Mythologen des 19. Jahrhunderts, etwa J.J. Hanush oder Konrad Schwenck, zeigten, durchdrang dieser Wolfsglaube gewisse nordslawische Völker. Noch in der Renaissance galt das Treiben der Wolfsleute als eine mehr oder weniger wohlbezeugte naturwissenschaftliche Tatsache. Sie sollten vor allem in den Gebieten mächtig sein, in denen um die Weihnachtszeit und Neujahr die Sonne gar nicht aufgeht. Die lange Nacht galt als ihr jährlicher Festtag.

Hanush bezeugt uns noch 1859: »In der russischen und rusinischen Weihnachtsfeier spielen Vermummungen in Wölfe durch umgehängte Wolfspelze und ein Herumrennen in denselben in den Gassen eine Hauptrolle ...« Besonders wichtig bleibt vor allem der Bericht des hochgebildeten Schweden Olaus Magnus, der 1555 seine berühmte *Historia de gentibus septentrionalibus* herausgab: Auch er vergleicht die Zeugnisse seiner Zeit mit denen der Antike, von Euanthes, Agriopas und des sehr kritischen Plinius.

Noch heute, versicherte er uns im 16. Jahrhundert, kommen die Werwölfe in großer Zahl vor, »zumal in den nach Norden zu liegenden Ländern«. Er erzählt uns dann ausführlich von den Zuständen in Preußen, Livland und Litauen: »Schließlich wird fest behauptet, daß unter jener Schar auch Große dieses Landes und Männer aus dem höchsten Adel sich befinden.«

Ganz bestimmte Plätze in den baltischen Ländern scheinen für den Geheimbund der Werwölfe wichtig gewesen zu sein. Ausführlich schildert uns der schwedische Historiker: »Zwischen Litauen, Samogitien und Kurland ist eine Mauer, der Rest einer verfallenen Burg. Dort kommen zu einer bestimmten Zeit des Jahres einige tausend (!) von ihnen (den Werwölfen) zusammen, und sie prüfen die Geschicklichkeit eines jeden von ihnen im Springen. Wer jene Mauer nicht überspringen kann, wie es den dickeren meist geschieht, der wird von ihren Vorstehern mit Geißeln gepeitscht.«

Offenbar waren die Menschenwölfe überzeugt, daß sie nur schlanke und schnelle Mitglieder in ihrem Volk haben sollten. Im Russischen pflegte man einst zu sagen – wie ich es noch als Kind hören durfte –: »Wenn du den Hunger nicht kennst und fett wirst, kannst du niemals in ein Wolfsfell schlüpfen.« Das sagte man im bestimmten Sinne: Ein Mensch, der schon in jungen Jahren alles im Überfluß besitzt, wird faul und träge. Niemals könnte er später eine außergewöhnliche Leistung vollbringen.

Im übrigen führen sich im Werk des gründlichen Olaus Magnus die Werwölfe nicht nur tierisch, sondern auch menschlich genug auf. Er erzählt von seinen Werwölfen, die in der Weihnachtszeit die Gegend unsicher machen: »Sie dringen in die Bierkeller ein. Sie trinken dort etliche Tonnen(!) Bier oder Met aus. Die leeren Fässer stellen sie in der Mitte des Kellers aufeinander. Dadurch unterscheiden sie sich von geborenen und echten Wölfen.« Dieses tüchtige Zechen des Wolfsvolks in den langen Nächten ist ganz sicher ein wichtiger Hinweis: Der Eindruck der Tierleute, sich wirk-

Die Berichte über Hunde und Wolfsmenschen stammen den Zigeunererzählungen nach aus dem alten Ägypten.

lich in wilde Tiere zu verwandeln, wurde zweifellos durch ihren starken Rausch gefördert.

Wichtig scheint uns noch ein weiterer Hinweis des bedeutenden schwedischen Wissenschaftlers: »Dem Ort jedoch, wo sie in jener Nacht (der Verwandlungen, S. G.) gerastet haben, schreiben die Einwohner dieser Länder etwas Prophetisches zu.« Dies sei offensichtlich eine Erfahrung der baltischen und angrenzenden Stämme »seit langer Zeit«.

Hier haben wir möglicherweise einen weiteren Hinweis auf die Tatsache, daß das Volk aller Länder gewisse Plätze in der Wildnis als »heilig« ansieht. Zumindest im Alpenraum sind das häufig Orte, die naturverbundene Menschen der Umgebung als Treffpunkte von Wildtieren kannten. Man betrat sie mit Scheu und Ehrfurcht. Es war schlimmer als Frevel, sie etwa durch die Jagd zu entweihen. Selbstverständlich wurden sie nie durch Abfall beschmutzt.

Sagen um Hexen und Hexer, »die sich hier in Tiere verwandeln«, umgeben solche Stellen noch heute. Es ist darum in den meisten Fällen wahrscheinlich, daß sich hier, an den Lieblingsplätzen ihrer Tiere, deren Verehrer trafen. Sie zogen ihre Felle an und versuchten sich in einer entsprechenden Umgebung in das besonders verehrte Geschöpf möglichst vollkommen einzufühlen.

Im Alpenraum und im oberen Rheintal nannte man mir noch etliche Stellen, »wo sich einst Wildkatzen paarten und sich die Hexen in Katzengestalt trafen«. Es ist kaum zu bezweifeln, daß die Angaben von Olaus Magnus im wesentlichen stimmen. Im Norden gab es zweifellos viele Plätze, die mitten im »Wolfsland« lagen: Hier trafen sich die Verehrer der »Fürsten der Nacht« im Fell.

In jedem Fall finden wir hier die Erfahrung und Überzeugung der Alten, daß solche Treffpunkte in Wald und Feld von einer bestimmten »Kraft« erfüllt sind. Diese brauchen die Tiere für ihr glückliches Gedeihen. Die Menschen, die sich mit ihnen wesensverwandt fühlen, suchen sie ebenfalls auf. Gemeinsam versuchen sie, diesen Zauber der Umwelt besser zu erfühlen, zu begreifen und für das eigene Wohlergehen zu verwenden.

Verwandlungen durch 2000 Jahre

Eine verhältnismäßig ausführliche Schilderung der Verwandlung in den Werwolf finden wir bereits beim römischen Schriftsteller Petronius. Er lebte im 1. Jahrhundert unserer Zeitrechnung: Zur Zeit des ungerechten Kaisers Nero wurde er aus Neid über seine hohe Bildung in den Selbstmord gehetzt.

Mit einem ihm nicht näher bekannten Mann geht der Held der Geschichte, die uns Petronius erzählt, auf nächtlichem Wege. Wie in den ganz modernen Erzählungen und in Filmen um die Werwölfe scheint der helle Vollmond: »Wir machten uns gegen Mitternacht … auf den Weg. Der Mond schien so helle, als wenn es Mittag wäre. Wir gingen endlich nun über die Gräber. Da fing auch mein Kerl an, die Sterne zu beschwören …«

Der unheimliche Begleiter entledigt sich sodann aller Kleider – und verwandelt sich darauf in einen grimmigen Wolf. Petronius läßt den Zeugen des Vorganges feststellen: »Es schwindelte mir vor den Augen, und meine Seele wollte aus der Nase fahren …« Petronius, der bekanntlich auch erschreckende Geschehnisse mit überlegenem Humor schilderte, will offensichtlich sagen: Der Mensch kann die Verwandlung in einen Wolf nur dann schauen, wenn seine Sinne in eine andere Wirklichkeit blicken.

Das helle Mondlicht, eine Umwelt von Wald und Gräbern, die Beschwörung der Sternenkräfte durch den unheimlichen Begleiter – dies alles versetzt den Zeugen in eine gesteigerte Erregung. Ein Schwindelgefühl durchfährt seine Sinne. Die Verbindung der Seele zum Leib scheint sich nun zu lockern. Es wird also dem Menschen fast, als betrete er das Jenseits: Er kann nun Dinge wahrnehmen, die nicht in unserer materiellen Welt stattfinden.

In volkstümlichen Sagen und modernen Romanen verwandelt sich der Werwolf monatlich in sein Lieblingstier – immer wenn am Himmel der Vollmond scheint. Gewisse Berichte, die genau sein wollen, lassen ihn noch viel seltener erscheinen. Nämlich nur: »Die Nächte des Vollmondes, während denen der Akonit wächst.«

Das ist eine sehr gefährliche Pflanze, die wir als Eisenhut kennen. Sie einzunehmen bedeutet einen qualvollen Selbstmord. Von der Sage wird behauptet, daß die einstigen Hexen und Heiler eine Reihe von Verfahren kannten, um die geheimen Wirkungen unbeschadet benützen zu können.

Immerhin wird von der Naturwissenschaft, die vorsichtig die uralten Überlieferungen zu überprüfen versucht, versichert: Schon wenn man winzige Mengen Akonit mit unserer Haut in Verbindung bringt, entsteht auf ihr eine gewisse Verminderung des Gefühls. Schläft dann der Mensch, der mit allen Vorsichtsmaßnahmen den Versuch unternimmt, empfindet er seine Haut irgendwie »pelzig«! Gerät er darüber in wildes Träumen, so kann es ihm erscheinen, er besitze ein richtiges Fell. Dies sei nur die Folge seines durch das Gift verringerten oder gestörten Empfindungsvermögens …

Im Neuenburger Jura hat man es mir erzählt: Es gab früher Menschen, denen die Jagd in der Wildnis als die höchste Leidenschaft galt. Sie durchstreiften darum in bestimmten Nächten, gemeint ist sicher in denen des Vollmondes, ihr Lieblingsgebiet. Dies taten sie, wenn schon die kalten Winde durch das Land streiften, das welke Laub naß den Boden bedeckte. Es nahte also die strenge Zeit, in denen die Wölfe mit immer kühneren Streifzügen begannen.

In der Öde der Nacht, von tausendfachen Düften erfüllt, begann auch der Mensch zu spüren und riechen, als wäre er selber ein wildes Tier. Das Mondlicht und die Schwaden, die vom Eisenhut und namentlich von der Fäulnis im Sumpf aufstiegen, sollen das übrige getan haben. Früher oder später kam über den wilden Jäger der Herbstrausch, seine Wahrnehmung verwirrte sich, unglaubliche Bilder umhüllten den

Geist. Wellen der Angst vor dem Unbekannten, dem lauernden Feind, reizten die Nerven bis zum Unerträglichen. Die sich steigernde Spannung zwang die Sinne, jeden Geruch, jeden aufglänzenden Lichtfunken schärfer wahrzunehmen, als es sonst die Gewohnheit von uns Menschen ist.

Irgendwo in einer ihm bekannten Höhle oder einsamen Waldhütte endete der Weg des Menschenwolfs. Er fiel auf die bloße Erde und ergab sich endgültig der Traumwelt, die ihn in das Reich der wilden Tiere entführte. Es soll sogar vorgekommen sein, daß er nicht einmal fähig war, ein schützendes Dach zu erreichen. Er fiel auf den bloßen Erdboden und schlief fest ein.

Sein Körper zuckte nun auf eine Art und Weise, die den aufmerksamen Zeugen erkennen ließ: Hier war ein Mensch, dessen Seele gierig durch die Wildnis hetzte, als wäre sie ein echtes Raubtier. Manchmal öffnete sich sogar der Mund des Schlafenden, er fletschte die Zähne und ließ ein undeutliches Knurren hören.

Die alten Jurassier sollen vor solchen Nachbarn, die schließlich am Tage recht vernünftige Verwandte und Freunde sein konnten, keinerlei Angst gezeigt haben. Fanden sie einen Nachbarn beim Morgengrauen ziemlich nackt im feuchten Grase daliegen, bedeckten sie ihn vorsichtig mit einem warmen Mantel. Sie weckten ihn auf jeden Fall nicht gewaltsam: Sie nahmen an, daß es sonst die noch abwesende Seele schwer habe »zurückzukommen«.

Dieses Begrüßen des Herbstmondes »nach Art des Wolfes« sollte im übrigen viele Vorteile mit sich bringen. Die sonst von kränklichen Leuten so gefürchteten »herbstlichen Giftnebel« sollten dem leidenschaftlichen Jäger nichts mehr anhaben. Er konnte nun durch Kälte und Nässe eilen, ohne jedesmal für Tage ins Bett sinken zu müssen.

Auch sollte er nun einen Monat lang die Spuren der Beute herausspüren können, als sei er tatsächlich vom Wolfsvolk in dessen Familie aufgenommen worden. Wie schon der Mann bei Petronius konnte er durch ein verrufenes Waldgebiet in der Nacht wandern, als wäre um ihn hellichter Tag. Die bange Furcht vor der Dunkelheit, die in den Herzen der meisten Menschen wohnt, war nun sein Verbündeter. Diese allgemeine Angst erlaubte ihm, was mir ein Jäger aus dem Neuenburger Jura als sein hohes Glück bezeichnete. Er konnte sich als starkes Geschöpf der Nacht empfinden und deren zahllose Geräusche und Gerüche wahrnehmen und genießen: In Augenblicken war er fähig, deren verborgenen Sinn zu entschlüsseln.

Wie man aus seiner Haut »fährt«

Rußland blieb, zusammen mit dem Baltikum, wohl bis heute ein Herd des Werwolfglaubens. Die Auseinandersetzung mit den griechisch-orthodoxen Priestern fand kaum statt. Die malerischen Kirchen waren Inseln der Festfreude, um die in heiligen Zeiten das Volk zusammenströmte. Dazwischen dehnten sich kaum wirklich erforschte Sümpfe und dunkle Wälder aus.

Ganze Stämme, vor dem Schulzwang nur oberflächlich »russifiziert«, hausten an der Grenze zur Wildnis. In ihren Hütten redete man angeblich noch immer besondere Mundarten aus den Gebieten von Ural und Altai. Neben den goldglänzenden Ikonen der christlichen Heiligen verbargen sich in den Nischen der Balken die Ahnengötter: Sie bewachten noch immer die ewigen Gesetze von Jagd, Fischerei und Bienenzucht. In großen Teilen des Landes galten noch immer die Tierkobolde als gute Nachbarn und Lehrer der Lebenskunst auf der eisigen Erde.

Als nach 1700 Kaiser Peter Rußland zu einem »fortschrittlichen europäischen Staat« erklärte, schämte man sich allgemein des asiatischen Erbes. Druckereien für Schulbücher und modische Unterhaltung sprossen zwar jetzt wie Pilze aus dem Boden, aber es galt als Schmach, über den echten, noch immer lebendigen Volksglauben in den eigenen Provinzen zu schreiben.

Der ukrainische Edelmann Orest M. Semow (1793–1833) war aber stolz, die verfemten Werwölfe in die Dichtung einführen zu dürfen. Seine für Land und Volk kulturgeschichtlich wichtige Tat geschah im romantischen Jahrbuch *Schneeglöckchen* (Podsneschnik), das im Jahr 1829 in St. Petersburg erschien. Der Verfasser versichert uns, daß er dem überlieferten Volksmärchen folgt. Das ist sicher untertrieben. Er erzählt so lebensecht, daß niemand zweifeln kann: Der Schriftsteller kannte genug Zeitgenossen, die noch immer vom Dasein der »Verwandler« (oborotni) unter Menschen und Tieren fest überzeugt waren.

Der »Werwolf« ist hier ein Kräuterarzt und Heiler, ein rüstiger Alter, der mit seinem Ziehsohn in einer Waldhütte haust. Wie die Tiere wäscht er sich regelmäßig mit Tau. Obwohl er hie und da Schafe oder Ziegen tötet, nützt er der Allgemeinheit. Er kennt eben die Kräfte der Natur wie kaum ein anderer. Seine Verwandlung in den Werwolf schildert Somow kaum viel anders als fast zwei Jahrtausende vor ihm Petronius: Der Waldzauberer beschwört dazu den leuchtenden Mond mit den »goldenen Hörnern«.

Im übrigen ist das Volk zum alten Mann sehr höflich. Er wird auch für seine Dienste gegenüber den Dörflern gut entschädigt und ist beneidenswert wohlhabend. Sein Sohn, der sich ebenfalls ein wenig »verwandeln« kann, gilt als recht schlichtes und liebenswürdiges Gemüt: Ein Mädchen ist in jeder Beziehung glücklich, ihn zum Gatten zu bekommen.

Im Gegensatz zu den modernen englisch-amerikanischen Gruselgeschichten um Werwölfe ist hier nichts Böses zu erkennen. Der Werwolf ist für Bauern eigentlich nicht ungewöhnlicher als die »normalen« Wölfe. Der Schaden, den er anrichtet, ist kaum schlimmer als derjenige, den man auch sonst mit dem Kleinvieh hat. Man ist nun einmal den Umgang mit solchen Geschöpfen gewöhnt: Das Leben auf dem Lande ist trotzdem recht gemütlich.

Der Dichter und Volkskundler beendet seine »wahre« Geschichte mit der nach ihm einzig möglichen Nutzanwendung:

»Derjenige, dem keine wölfische Art angeboren ist, soll sich niemals als Wolf verkleiden.« Die Sagen und Bräuche um die Werwölfe können demnach also nur in einem Wolfslande voll verstanden und gewürdigt werden.

Von meiner Großmutter hörte ich eine einleuchtende Erklärung: In den endlosen Weiten des europäischen und asiatischen Nordens herrscht die »allmächtige Kaiserin Winter (Zima-Zaritza)«. Der Wolf, der sich in der Kälte um die kürzesten Tage des Jahres sogar paart, gilt als das vielbewunderte Vorbild des Überlebens.

Während die meisten Menschen in den verschneiten Dörfern des finnisch-russischen Nordens um diese Zeit häufig hungern, fasten viele noch zusätzlich vor der »heiligen Zeit der Geburt Christi«. Doch es gibt hier die Wolfsleute, die die »Heiligen Nächte, wenn das neue Jahr kommt«, fast nach Art ihrer Lieblingstiere verbringen: Der Höhepunkt ihrer Feste ist das nächtliche Auffressen von noch völlig rohem Schaffleisch.

Da sie alle vom genügsamen Dasein in Herbst und Winter eher geschwächt sind, wirkt dann das blutige Mahl auf sie geradezu wie ein Zauber. In ihren anschließenden Traumgesichten fühlen sie sich als »echte« Wölfe und heulen mit ihren tierischen Freunden um die Wette.

Da ich als Kind von Tierliebe geradezu zerfloß, weinte ich aus Mitleid mit den Schafen. Die Großmutter tröstete mich mit rührenden Worten: »Durch ihre wilden Mondnächte haben die Verwandlungs-Menschen (ljudi-oborotni) keine Grausamkeit mehr in sich, sie haben sie völlig ausgelebt. Sie gelten, obwohl sie meistens übermenschlich stark sind, als gutmütig und lieb gegenüber ihren Nachbarn und allen Geschöpfen. Einige von ihnen haben von ihrer Raserei während der Waldweihnachten gründlich genug! Im übrigen Jahr meiden sie sogar meist das Fleisch. Sie wenden sich ab, wenn sie Blut strömen sehen.«

Ein Werwolf könnte gegenüber Menschen nur grausam werden, wenn es ihm unmöglich wäre, seine »wilde Seele«

auszuleben: »Ohne das Raubtier des Nordens, das er in sich weckt, hätten viele Menschen gar nicht die Lebenskraft gehabt, in dem Schneereich durchzuhalten.« So erscheint ihnen aber ihre harte Umwelt, die sie mit »Wolfs-Sinnen« wahrnehmen können, als »ein silberglänzendes Paradies«.

Wenn ein Mitmensch verbittert, zornig, von allen denkbaren Seiten bedrängt ist, sagt er noch immer: »Es ist zum Aus-der-Haut-Fahren.« Johannes Nepomuk Sepp, dieser wichtige bayerische Kenner des Volksglaubens, sieht hier den Rest des alten Glaubens an den Werwolf. Gerade in der körperlich und seelisch harten Zeit des Jahres soll ja dieser »ausgefahren« sein: Dadurch wurde er frei von der inneren Vergiftung durch Verbitterung, Rachsucht und Zorn.

Rotkäppchen auf dem Schicksalsweg

Im Märchen geht die Jungfrau »Rotkäppchen« durch den finstern Wald. Die Mutter mahnt sie, keinen Schritt vom Wege abzuweichen. Tut sie es doch, holt sie der Wolf: Dieser redet wie ein Mensch und geht auch auf den Hinterbeinen – er ist also deutlich der Werwolf.

Das Märchen wurde mir erst vollkommen verständlich, als der Zigeunergeiger Baschi und ich durch eine Wahrsagerin in die Bildkarten des Tarot eingeweiht wurden: Die weise Frau wirkte in ihrem Wohnwagen vor allem zwischen der Camargue und Avignon. Sie versicherte, daß ihre nahen Ahnen noch um die Jahrhundertwende am Schwarzen Meer herumzogen. Sie seien »etwas ganz Besonderes gewesen«: Sie standen aber auf alle Fälle mit dem Volk der Kupferschmiede und Kesselflicker (Khalderasch) in enger verwandtschaftlicher Verbindung.

Unter den »Großen Trümpfen (arkanen)« des Tarot war ihr besonders das Bild 18 wichtig. Es zeigt die Nacht und den »über unseren geheimnisvollen Lebenspfaden« schimmernden Mond: Gerade dieser bedeutete ihr zufolge die »tierische

Lebenskraft in uns« (la force animale et vitale). Die »Sonne der Nacht« steuert nach dem Volksglauben Ebbe und Flut, Wachstum und Vergehen aller irdischen Wesen. Wir erkennen dies in der monatlichen »Reinigung« der Frauen, deren durchschnittliche Dauer »einen Mondmonat von 28 Tagen« beträgt.

Drohend stehen um den »Weg durch alle unsere Leben« (le chemin de toutes nos vies) zwei Türme, die wohl düstere Kerker enthalten. Vor beiden heult je ein gefährlicher tierischer Wächter den Mond an. Sie gleichen sich in ihren Umrissen und sind doch zwei verschiedene Geschöpfe. Meistens werden sie in der Wahrsage als »Wolf und Hund« gedeutet. Die aus dem Osten einwandernden Stämme haben beide Tiere mit ihren Vorteilen und Gefahren kennenlernen müssen.

Die Erklärung des Sinnbilds lautet: Bist du in der Wildnis, hast du es mit den hungrigen Wölfen zu tun. Bist du nahe der menschlichen Behausungen, dann können dich die den Besitz hütenden Bluthunde anfallen. Du kannst es machen, wie du willst, du mußt dir eins der beiden Tiere als Sinnbild wählen. Eigentlich hat jeder Mensch den einen wie den andern in sich, jedoch nicht gleichermaßen.

Der Wolf ist nach Erfahrung der Nomaden stark, schnell, listig, mit überwachen Sinnen begabt, oft fast krankhaft in seine wilde Freiheit verliebt. Unabhängig und gefürchtet streift er durch die Öden, deren nächtliche Wunder und Schönheiten er kennt wie wohl nicht viele andere Wesen. Doch sein Zustand hat viele Nachteile: Um seine volle Kraft immer neu zu gewinnen, braucht er viel frische Nahrung. Aus diesem Grunde nagt in seinen Eingeweiden meist ein unstillbarer Heißhunger. Er lebt fast mit der ganzen übrigen Welt in erklärter Feindschaft; Rast und gemütliche Ruhe sind für ihn beinahe unbekannte Begriffe.

Der Haushund dagegen hat in der Regel die Schrecken der Wildnis vergessen. Er wird sorgsam gefüttert. Im rauhen Winter besitzt er sein warmes Schlafplätzchen. Sein Besitzer zeigt ihm seine Liebe, streichelt und lobt ihn, was ihm Genuß bereitet; doch er ist dafür ein treuer Diener, der nur nach Befehlen handelt. Lebt eine Hunderasse zu lange bequem, beginnt ihre Entartung. Sie verliert leicht die Schärfe der Sinne und die Stärke der Sehnen.

So geht es, nach den Wahrsagerinnen der Nomaden, auch den menschlichen Völkern auf ihrem Lebensweg. Hausen sie in der wilden Natur, sind sie fast unbesiegbar. Sie leben unter Bedingungen, die uns unvorstellbar erscheinen. Werden sie aber »zivilisiert«, dann nehmen ihre ursprünglichen Energien nach und nach ab.

Der Wolfsmensch wird von Hunger und Winterkälte gehetzt. Der entspannte Lebensgenuß ist ihm unbekannt. Der Hundemensch hat es warm, und es wird ihm von seinen Herren (meistens) pünktlich der Bauch gefüllt; aber wenn er sich nicht um eine gewisse Mäßigkeit bemüht, wird er fett und verweichlicht; zur starken Lebensfreude fehlt ihm dann immer mehr die Energie.

»Es ist schön, in den Häusern der Gadschos (Seßhaften) warm baden zu können«, sagte uns um 1960 die weise Fahrende und Tarot-Philosophin: »Verlieren wir aber völlig den wilden Wolf in uns, geht es uns fast schlimmer als in der winterlichen Wildnis. Wir erlauben uns nicht einmal zu fressen, wenn uns niemand dazu den ausdrücklichen Befehl erteilt.«

Auch andere Lebenssymbole wurden gern auf diesem Bild dargestellt. Der Tarotkenner Basil Ivan Rakoczi versichert uns, »daß man auf den Karten gewisser Wahrsager« drei menschliche Gestalten sieht. Es sind die gleichen, welche die Fahrenden gerne bei ihren Festen (fêtes bohémiennes) den Anwesenden vorspielen. Auch sie sollen die unerbittlichen Gesetze des Daseins deutlich machen.

Da ist eine Frau, die schöne Colombina, die von den Fahrenden mit der »Mond-Dame« selber gleichgesetzt wird. Sie ist gleichsam das Bild alles Weiblichen. Dann treten zwei Männer in Jugendblüte auf, die sich beide um die Frau bewerben. Der eine ist der mondbleiche, übermäßig zartfühlende und verträumte Pierrot. Der andere ist der leidenschaftliche, von Lebenskraft erfüllte bunte Wildfang Harlekin.

Das Tarot-Bild »Mond« oder »Nacht« heißt dann, wiederum nach Rakoczi, bei den europäischen Nomaden und Wahrsagern »Karte der Träume«. Die Deuter sind überzeugt, daß es für unser »glückliches Überleben« und die Durchsetzung unserer Wünsche im Dasein beides braucht, sonst können wir unmöglich das Ziel unserer Sehnsucht erreichen.

Wir haben eben alle, wenn auch in verschiedenem Maße, beide in uns: den mondsüchtigen Dichter und Träumer, den so leicht enttäuschten und vor jeder irdischen Schwierigkeit zurückschreckenden Pierrot; und den stets angriffigen, durch alle Widerstände und Gefahren nur herausgeforderten zähen Nachtmenschen Harlekin: »Wir brauchen beide«, lehrt uns die Überlieferung.

Vampire

Es schwebt durch die Dämmerung

Eines der schönsten Gedichte, das Johann Wolfgang von Goethe schrieb, ist seine *Braut von Korinth.* Zur Zeit des frühchristlichen Griechentums wird ein sinnliches Mädchen durch den grausamen Religionszank von seinem Geliebten getrennt. Es stirbt, holt aber den Freund in das Totenreich.

Goethe verdankt gerade diese unsterbliche Dichtung seiner leidenschaftlichen Beschäftigung mit den griechischen Überlieferungen und mit okkulten Lehren. Er wollte, entsprechend seiner großzügigen Lebensphilosophie, die starke Liebe als eine Urmacht darstellen. Es sei für sie leicht möglich, sogar den Tod zu überwinden. Seine Darstellung der Leidenschaft, gegen die das Grab machtlos ist, wurde im übrigen durch Sagen aus dem Balkan bestätigt.

Bis ins 18. und 19. Jahrhundert dehnte sich schließlich das Reich der türkischen Sultane über Kleinasien und Griechenland bis nach Serbien, Ungarn, Rumänien und die Ukraine. Große Teile dieser Länder übernahmen die griechisch-christliche Religion. Dieser ganze Raum erschien deshalb den Deutschen und anderen Europäern als geistige Einheit. Man glaubte dort verborgene Inseln der vielbewunderten antiken Kultur zu entdecken. Auch ein Held des Dichters Alexej Tolstoi vergleicht im Roman *Die Vampir-Sippe* das schöne Vampir-Mädchen in ihrem Wesen und Aussehen mit griechischen Göttinnen. Tolstoi war im übrigen ein großer Goethe-Verehrer. Seine russische Meisterübersetzung der *Braut von Korinth* gilt als klassisch und geradezu vorbildlich.

Diese eigentlichen Bahnbrecher der Vampir-Dichtung waren wohl viel näher bei der ursprünglichen Wahrheit als all die Verfasser der schaurigen Gruselgeschichten. Die Vampire werden von diesen meist mit den unheimlichen, Menschenblut saugenden Untoten verwechselt. Sie besitzen die Reißzähne eines Raubtieres, was aus den Geschichten um die Werwölfe stammt. Kein Weib ist vor diesen okkulten Wüstlingen sicher. Lachend sagte mir deshalb in Hollywood ein amerikanischer Psychiater: »Wahrscheinlich brauchte man die tausendfach durch Filme geschürte Vampir-Furcht. Sonst hätte man unseren konservativen Hinterwäldlern (Hilly-Billies) kaum schmackhaft machen können, bis in den Wilden Westen die elektrische Beleuchtung einzuführen.«

Immerhin ist hier eines zu berichtigen: Gerade viele Einwanderer aus den »Vampir-Ländern« von Böhmen bis Anatolien haben eine rührende Zuneigung zu den »Kunstwerken« dieser Art. Hier können sie Bilder der Naturlandschaften und Dörfer ihrer längst verlorenen Heimat wiederfinden. Daß der Hintergrund der Filme so gestaltet ist, verdanken sie sicher einer Reihe von Erfindern und Darstellern der Gruselgeschichten. Man kann es leicht feststellen: Unter diesen befinden sich auffallend viele osteuropäische Namen. Der Ungar Bela Lugosi will in Amerika 550mal den Grafen Dracula und andere Vampire dargestellt haben. Er versichert, einen gewissen Zauber in die Rollen gebracht zu haben, weil er von den Wesen der Nacht als Kind hörte.

Der burgundisch-französische Märchendichter Charles Nodier wußte es ziemlich genau: Der Vampir ist in der ursprünglichen Überlieferung »ein Mensch des Guten« (un homme de bien): »Häufig ist er das Vorbild und der Berater seines Stammes, sein Richter oder sein Dichter.« Seine Seele ist sanft, gastlich, großzügig, »die nichts anderes will als lieben«.

Auch Alexej Tolstoi läßt uns begreifen: Die Vampire sind Menschen aus mächtigen, eigenwillig und selbständig für sich lebenden Familien. Ihre Energie gilt schon während ihrer

Lebzeiten als überdurchschnittlich. Nach ihrem Tode besuchen sie eigentlich nur »ihre nächsten Verwandten und besten Freunde«. Diese werden dann ebenfalls zu Vampiren. Die Triebfeder dieses Nachtvolks ist also weder seine Blutrünstigkeit noch die Grausamkeit. Es ist sein Wille, ewig alle seine Lieben im Umkreis zu haben ...

Als Sinnbild eines solchen Verhaltens gilt nun in den östlichen Sagen die Fledermaus. Ein Zigeuner aus dem heute rumänischen Siebenbürgen sagte zu mir: »Das ist unser Tier, das wir schätzen. Es sieht in der Nacht wie unsere weisen Frauen und Männer. Es hat Freude, mit möglichst vielen Angehörigen in einer Höhle oder in einem Baumloch zu leben. Ähnlich können auch wir in einem engen Wohnwagen oder in einer Hütte am Waldrand hausen, ohne daß wir unsere Streitsucht aneinander auslassen müssen.«

Das Wort »Vampir« ist aus dem Slawischen ins Deutsche, Russische und Englische gedrungen. Eigentlich heißt es Upyr, und man hat es sehr häufig etwa vom Tätigkeitswort »pit« abgeleitet, was trinken bedeutet. Die dumme Sage vom Blutsaugen der Fledermäuse hat dadurch eine maßlose »Bestätigung« gefunden. Ich bin aber mit Wolfgang Bauer einverstanden, mit dem ich schon in den sechziger Jahren den Tierträumen nachforschte: Die Wurzel der Bezeichnung scheint griechisch zu sein: opir (opyr) besäße dann die Bedeutung »fliegendes Wesen«. (Die Laute o und u werden gerade in den slawischen Mundarten oft ausgetauscht; vgl. etwa Okraina oder Ukraina im Sinn von Grenzland!)

Auch Riegler, der bedeutende Sammler der Tiersagen, faßte seine vielseitigen Untersuchungen so zusammen: »Nicht vergessen sei, daß der slawische Vampirglaube von den Fledermäusen seinen Ausgang genommen hat. Der Vampir ist ... halb Mensch, halb Fledermaus.«

Als ich klein war, sah man auch im Alpenraum noch recht viele Fledermäuse um alte Bäume, Burgruinen, einsame Bauernhäuser und über Friedhofsgrüfte schweben. Wer diese Gesellschaft und die Stille der einbrechenden Nacht liebte, ging gern an solche Orte. Man saß auf einer bemoosten Holzbank oder auf einem Stein. Auf einmal fühlte man sich außerhalb der Zeit; längst vergessene Dinge fielen dem Geist zu …

Der Psychologe und Sagensammler Hans Zulliger pflegte zu sagen: »An solchen Plätzen kann man gut Geschichten aus der Urzeit berichten. Es ist dann fast, als ob die Ahnen oder die Seelen der fernen Freunde um uns ihre Kreise ziehen.»

Die schwarze Burg der Traumgötter

Das Reich der Fledermäuse oder Fledermaus-Geister war nach der Vorstellung der antiken Kulturen das geheimnisvolle Land des Traumgottes Somnus. Wenn wir Lucian und den neueren Mythologen folgen, liegt dessen Hauptstadt auf der »Trauminsel«.

Um diesen geheimen Ort wuchert nun ein Wald von Pflanzen, deren schlaferzeugende Wirkung den Griechen und Römern wohlbekannt war. Es sind dies vor allem die dort zu machtvollen Bäumen heranwachsenden Kräuter wie Mohn oder Mandragora. Hier ist alles voll von Fledermäusen – sie sind überhaupt die einzigen »Vögel«, die das Fürstentum des Herrn der Träume kennt.

Nach Ovids Werk *Metamorphosen* gehört zu den Söhnen des Somnus der Icelus, »welcher sich in Tiere, Vögel, Schlangen und dergleichen verwandeln konnte«. Auch dies mag ein Hinweis darauf sein, welchen Gestalten und Verwandlungen die Menschen des Altertums vor allem in ihren Träumen begegneten. Ein anderer Sohn des Schlafgottes war Phantasus, der den Menschen in der Nacht Bäume, Gesteine und andere nicht tierische Dinge unserer Welt vorführte. Unsere schöpferische Phantasie besitzt also nach den Alten ihre Wurzeln im Traumreich.

Somnus, der Meister dieser Herren des Schlafs und der Nacht, soll in ewigen Nebeln in einer Berghöhle ruhen. Diesen Ort suchten die antiken Sagen an verschiedenen märchenhaften Erdplätzen. Vor allem wiederum anscheinend im Norden des Schwarzen Meeres: Er liegt im Gebiet der Skythen, in der Nähe des Lands der Kimmerier. Dies sind wieder die Reiche, durch die man vom Mittelmeer her zu den geheimnisvollen Tiervölkern kommen sollte. In diesen Gebieten sind bis heute die Sagen unausrottbar.

Im russischen Volksmärchen, das der Dichter und Sagensammler Alexander S. Puschkin in *Russlan und Ljudmila* wiedergab, befinden sich dort noch immer die magischen Gärten des Magiers »Tschernomor«. Schon dessen Name bezeichnet ihn als den Bewohner oder Herrn des Schwarzen Meeres (Tschernoje more). Auch er beherrscht mit seinen Träumen der Phantasie alle Geschöpfe, die in seinen Bann treten.

Für gewisse Zigeunerstämme von Griechenland bis Siebenbürgen liegt in diesen Gegenden ebenfalls die nachtdunkle Burg der Feenkönigin Anna, die von Fledermäusen umflattert wird. Auch sie vermag die Menschen mit lieblichen oder drohenden Tierträumen zu belohnen oder zu bestrafen. Zu ihr sollen die Hexen in der Nacht fliegen, um ihre Geheimnisse nach und nach zu erlernen.

Gerade im stark griechisch beeinflußten Kulturkreis des östlichen Mittelmeeres hat sich eine wichtige urchristliche Legende erhalten: Das verspielte Christuskind soll zahlreiche Vögel aus Ton geformt haben. Da es aber damit die streng vorgeschriebene Sabbatruhe störte, erzeugte es allgemeinen Ärger. Bevor man seine Bildchen zerstörte, klatschte der Kleine in seine göttlichen Händchen; darob wurden die Geschöpfe seiner Kunst zu lebendigen Wesen und flogen munter davon.

Die hübsche Geschichte findet sich ebenfalls in der islamischen Überlieferung. Ausdrücklich wird uns aber hier versichert, auf diese Art und Weise seien die ersten Fledermäuse entstanden. Diese werden im Orient als die vollkommensten Fluggeschöpfe angesehen: Vereinigen sie doch viele Eigenschaften von Landtieren und Vögeln.

Der gelehrte Menzel findet diese Christuslegende sehr

wichtig, weil sie der Fledermaus eine besonders heilige Herkunft zuschreibt: Eigentlich enthalte die ganze fromme Sage die Mahnung, daß man das geflügelte Tierchen mit besonderer Schonung behandeln müsse. Offensichtlich war es also schon in der Frühzeit bekannt, daß diese kleinen Nachtjäger sehr nützlich sind, da sie die Wolken der störenden Insekten verringern.

Nistet sich in Bosnien und Herzegowina die Fledermaus mit ihren Jungen in einem Hause ein, bringt sie Glück: Auf jeden Fall muß sie geschont werden. Kommt sie gar durch den Rauchfang eines Bauernhauses, so soll dies Reichtum im Viehstall versprechen.

Flattert die Fledermaus in den Laden eines Kaufmanns oder auch sonst in eine Stube, ist dies jedesmal das Versprechen eines reichen Segens. Schon im Altertum war ein Krieger froh, wenn sich eins dieser Geschöpfe auf seine Lanze setzte. Dies sollte ihm zu größerer Gewandtheit im Kampf verhelfen. Noch im 16. Jahrhundert war man überzeugt, es sei für einen Fliehenden ein gutes Zeichen, einer Fledermaus zu begegnen.

Viele Darstellungen dieses Tieres mögen nur für uns Spätgeborene unheimlich, bedrohlich, wie ein Teufelsspuk wirken. Gerade im Gebiet des einst so sumpfigen Seelands am Fuße des Juragebirges hat man mir aber auch versichert: Es galt als Sünde, die hier früher sehr zahlreichen Fledermausfamilien unter den Dächern zu vertreiben oder gar umzubringen. Gerade die Vertreter des Fahrenden Volkes wußten: »Der Teufel selber hat die Mückenschwaden dem Menschen angehetzt. Der liebe Gott hat es aber so eingerichtet, daß die Fledermäuse gewisse Orte vom giftigen Zeug, das Seuchen verbreitet, sauberhalten. Wo sie sich aufhalten, dort ist die Gegend einigermaßen gesund.«

Der Volkskundler Riegler verweist zusätzlich auf den alten Volksglauben: »Das Zaubern gelingt dort besonders gut, wo Fledermäuse sich aufhalten.« Dies mag in der Urzeit die Menschen bewogen haben, das Tier zu schätzen und seine

Die europäischen Zauber- und Traumbücher wissen um die »Wesen der Dunkelheit«: Meist lautlos schweben ihre schwarzen Schatten im Mondschein.

Gewohnheiten nach Möglichkeit zu achten. »Zaubern« war schließlich kaum etwas an sich Böses. Es bedeutete vor allem das Feiern von Bräuchen, dank derer man sich Fruchtbarkeit von Menschen und Vieh, auch gute Beute bei Jagd und Fischfang versprach. So war es sicher schon in der Steinzeit, und so blieb es dort, wo die Beziehung zur Umwelt nie riß.

Erst die Hexenverfolgungen und die Naturentfremdung seit dem 15. Jahrhundert erzwangen den Triumphzug eines wirklich schändlichen Aberglaubens: Man versuchte die »Zaubertiere« auszurotten, denn ihre Lieblingsplätze, um die sie herumschwärmten, galten als Wohnsitze der blutrünstigen Vampire.

Was schenkt uns die Fledermaus?

Daß die Fledermäuse bei gewissen Stämmen seit Urzeiten als heilig und glückbringend galten, ist unbestreitbar: ebenso die Orte, Behausungen, Gräber und Ruinen, an denen sie sich reichlich aufhielten – und die Menschen, die in einer solchen Umgebung hausten, fühlten sich wohl.

Dies ist in Ostasien noch immer so. Ein wichtiges chinesisches Glückszeichen zeigt uns eine kreisrunde Öffnung, die den »Mondturm« bedeutet. Diese wird von fünf Fledermäusen umflattert. Die Zahl Fünf bedeutet im übrigen die fünf Segnungen im Leben, von denen das Menschengeschlecht stets träumt: Das sind hohes Alter, Reichtum, Gesundheit, Liebe zur Tugend, natürlicher Tod ... Oft wird die Fledermaus auf chinesischen Fahnen abgebildet. Auch dies sollte den Fahnenträgern Segen und Sieg bringen.

In der Mundart von Kanton heißt übrigens die Fledermaus Fuk-schii, also die »Ratte des Glücks«! Überhaupt gibt es im Chinesischen eine wichtige Gleichung: Wer Fledermaus sagt, meint gleichzeitig Glück. Beides wird mit der Silbe »fu« bezeichnet. Eine mittelalterliche Quelle versichert, daß es weiße Tiere dieser Art geben soll, die ein Alter von einem Jahrtausend erreichen. Wer ihr Geheimnis kennt, der ist selber fähig, seinem Dasein eine »übermenschliche« Dauer zu verleihen.

Werden wir nicht schon hier an einen wichtigen Zug unserer Gruselsagen um die Vampire erinnert? Sollen nicht auch sie gerade durch ihren Aufenthalt in geheimnisvollen Fledermaustürmen ihr Leben unendlich verlängern? Unsere Filme und die amerikanischen Horror-Geschichten versuchen mit Hilfe der roten Blutfarbe möglichst unheimliche Stimmungen zu erzeugen. Dies wäre aber den Völkern Chinas nicht ganz verständlich gewesen. Gerade rote Fledermäuse bedeuten bei ihnen besonderes Glück: Rot ist nun einmal die »lebenspendende« Farbe, die alles Böse vertreibt. Dies mag tatsächlich von Blut und Feuer herkommen, ohne die es kein menschliches Gedeihen geben kann. Rot bedeutet für die Chinesen den Sommer und den Süden: Erscheint im ostasiatischen Theater ein rotgesichtiger Mensch, soll dies sein »heiliges« Wesen ausdrücken!

Auch in diesem Kulturkreis, zu dessen am meisten verehrten Tieren die Fledermaus gehört, gibt es eine für uns mißverständliche Abbildung. Sie zeigt Chung-k'ui, einen sagenhaften Dämonenvertilger, mit seinem Schwert, Fledermäuse niederschlagend. Aber dies ist, wie Wolfram Eberhard beschreibt, eine völlig sinnbildliche Darstellung. Auch sie bedeutet einen Glückswunsch: Das herumschwebende Glück, dessen Verkörperung die geschätzten Flattertiere sind, soll nun zum Menschen »herabgebracht« werden. Die in der Luft fliegenden Geschöpfe sollen mit ihrer himmlischen Kraft auf den Erdboden kommen, damit auch wir ihrer teilhaftig werden.

Der China-Forscher Eberhard sah zwischen der Nützlichkeit dieses Tieres in Ostasien und dessen Verfolgung in Europa einen Gegensatz. Andere verwiesen uns aber auf die Tatsache, daß die erste »positive« Ansicht auch bei gewissen europäischen Kulturen vorkommt. Gab es uralte Kulturbrücken zwischen all den Völkern, unter denen zumindest gewisse Stämme die Fledermaus stets hochschätzten?

Es ist kaum zu bestreiten, daß gerade unsere »Vampirländer«, etwa Siebenbürgen, Bosnien, Herzegowina oder die Ukraine, dauernd von Sippen durchzogen wurden, die an den gewaltigen Völkerwanderungen von Europa und Asien beteiligt waren. Ein Nachkomme der Fahrenden aus dem soeben erwähnten Seeland versicherte mir: Es gab Nomadenfamilien, die sich besonders gern in Gegenden niederließen, in denen die Fledermäuse und andere glückbringende Tiere reichlich vorkamen. Sie sollten, was gebildete Tierschützer heute wieder naturwissenschaftlich begründen, recht gesund sein. Dazu kommt, daß man an ihren besonderen Reichtum an Kräften glaubte: Gerade die Nächte, in denen dieser »Vogel« im Mondschein tanzt, sollten besonders wichtig sein, dann werden eigentümlich leuchtende Erdschätze und starke Heilkräuter für das Menschenauge erkennbar.

Offenbar standen sie seit Urzeiten in unmittelbarem Zusammenhang: die Fledermäuse, geheimnisvolle Erscheinungen der Nacht – und Ruinen aus dunkler Vergangenheit. Stets gab es Stämme und Sippen, denen man zutraute, durch ihre eigenwillige Lebensweise mehr darüber zu wissen: Ihren Angehörigen sagte man nach, in Fledermausgestalt durch die Mondnächte zu gaukeln. Die Wunder der Nacht waren für sie ein offenes Buch.

Die völlige Verteufelung all dieser Dinge fand eigentlich erst seit dem Zeitalter der perversen Hexenverfolgungen statt: Diese führten unmittelbar zu widerlichen Naturzerstörungen und ganzen Epidemien des Irrsinns, voll Grausamkeiten gegen unschuldige Menschen und Tiere. Zusammen gingen beide in Folterkammern und auf Scheiterhaufen.

Das Schrecklichste, das im Zusammenhang mit diesen Zeiten der Verhetzung stattfand, geht einwandfrei auf Kosten der gewissenlosen Vampirjäger. Gerade der hochgebildete Benediktiner und Abt Augustin Calmet (1672–1757) stellt fest, daß die Angst vor den Blutsaugern in Ungarn, Polen, Schlesien und Mähren »ein neues Schauspiel« sei. Er schildert, daß man Menschen, die man als Vampire verdächtigte,

»darum getötet, verbrannt, auch ihr Fleisch genossen habe«: In Polnisch-Rußland pflegte man, um sich vor dem Nachtvolk zu schützen, das Brotmehl mit dem Blut aus deren Leichen zu vermengen und diesen Teufelsfraß bei den Mahlzeiten zu verschlingen.

Das Unvorstellbare, das in den Zeiten der Verfolgung der Vampire stattfand, geht also kaum auf diese selbst zurück – obwohl uns das noch immer hundertfach in Gruselfilmen eingeredet wird. Es geht einwandfrei auf Kosten der Vampir- und Hexenjäger.

Zwischen bleicher Furcht und Bewunderung

Im spannenden Buch von Bram Stoker kämpft der Vampir-Graf Dracula um die Liebe der schönen Dame Lucy Westerna. Man hat bereits mehrfach vermutet, daß diese Auseinandersetzung sinnbildlich zu verstehen ist: Den Namen der Frau kann man schließlich wörtlich als »Licht des Westens« übersetzen.

Dauernd sickerten auch im 19. Jahrhundert aus den östlichen Ländern, die man sehr verallgemeinernd als »barbarisch« verstand, ganze Volksstämme ein. Deren magisch-mystischer »Aberglaube« war teilweise sehr dichterisch und malerisch. Die westeuropäische Zivilisation und deren strenge Gesellschaftsgesetze wurden dagegen auch von ihren Bürgern häufig als langweilig empfunden. Die Vorstellungen der östlichen Völker tauchten darum seit der Romantik immer häufiger in Theater und Oper, volkstümlichen Gruselromanen und sogar in klassischen Werken auf. Sie verbreiteten verworrene Ängste und Wunschträume.

Die Phantasiewelt der Antike feierte, wie wir schon sahen, bunte Auferstehung. Aus dem Studium der alten Überlieferungen allein wäre dies gar nicht möglich gewesen. Wichtig war das Auftauchen von Menschen, die diese Geschichten so lebendig schildern konnten, als hätten sie diese als Kinder selbst geschaut! Gerade die bedeutenden Zigeunermusiker, wichtige Vertreter der Unterhaltung des 19. Jahrhunderts, kamen aus damals noch so ursprünglichen Ländern wie Slowakei, Ungarn, Rumänien oder Transsylvanien. Sie wollten die Menschen für ihre leidenschaftliche Musik empfänglich machen. Also versetzten sie die ihnen lauschenden Bürger mit ihren Geschichten in einen fast hypnotischen Zustand. »Alles schien nun möglich«: Liebe und Leidenschaft finden demnach auch durch den Tod keinen Abschluß.

In verschiedenen Vertretern der damaligen Kulturwelt, von Graf Gobineau bis Oswald Spengler, entstand durch solche Vorgänge die bedrückende Vorstellung, die Zivilisation könnte durch die dauernde Einwanderung der sagengläubigen Menschen unterwandert und weggespült werden. Es ist also gut möglich, daß Bram Stoker in seiner Gruseldichtung vor diesem Geist einer vorgeschichtlichen Tier-Magie warnen wollte.

In verschiedenen Vampirfilmen unseres Jahrhunderts sehen wir dann tatsächlich und sehr deutlich »rassistische« Elemente. Die Dörfer, in denen die Fledermaus-Menschen ihre Macht ausüben, werden gleichzeitig malerisch und unheimlich dargestellt. Das gleiche gilt von der Beschreibung östlicher Völker, die bald hoffnungslos abergläubisch und dann wieder im Besitz einer gefährlichen Zauberkunst erscheinen. Auch der so bedeutende englisch-amerikanische Dichter des Horrors, H. P. Lovecraft (1890–1937), warnte mehrfach vor den Einwanderern aus dem Osten und Süden: Er sah die dortigen Völker als gefährliche Träger einer Sagenwelt, die den technologischen Fortschritt der Angelsachsen aufhalten könnten …

Gerade Nordamerika brachte aber in seiner Massenkunst einen Fledermaus-Menschen (Batman) hervor, der seit 50 Jahren ein Sinnbild für das Gute ist: Dem Helden Bruce Wayne werden die Eltern durch das rücksichtslose Verbrechen, das gerade damals die großen Städte völlig zu verseuchen begann, umgebracht. Er schwört, von nun an sein Dasein der Vernichtung des Bösen zu widmen, das Polizei und Politik bereits gründlich korrumpiert hat.

In der Maske eines Fledermaus-Menschen durchstreift er die Häuserschluchten ganze Nächte hindurch. Sein beinahe schwarzer Lederanzug macht ihn in der Dunkelheit unangreifbar. Seine Kunstflügel ermöglichen ihm die vogelschnelle Bewegung von Dach zu Dach. Die Bösewichte, die alle furchtbar abergläubisch sind, erstarren schreckgelähmt, wenn sie seinen Schatten wahrnehmen.

Der Fledermaus-Mann Batman hat in Comics und zahlreichen Filmen eine Unzahl von Feinden und Freunden: Sie alle tragen mehr oder weniger die Masken von Tieren und besitzen in der Regel auch deren seelische und körperliche Eigenschaften. Der »Superschurke« Pinguin lebt z.B. in der Gesellschaft von Vögeln. Die Katzenfrau, die zu Batman eine seltsame Haßliebe empfindet, sieht in ihrem Tier ein unübertreffliches Vorbild, und so weiter ...

Batman hat auf alle Fälle der amerikanischen Phantasie ein Gegengewicht des Guten gegen den »bösen« Grafen Dracula und seine blutgierigen Fledermaus-Mädchen geschenkt. Tritt in den Träumen eines jungen Menschen von heute eine Gestalt mit Fledermausflügeln auf, kann dies ein düsterer Alpdruck sein. Sie kann aber auch das Gefühl vermitteln, gegen jede Gefahr geschützt zu sein. Böse Spione und Verbrecher können schließlich in den spannenden und lustigen Batman-Geschichten noch so sehr das Gedeihen von allen Lebewesen gefährden, Batman merkt mit seinen Super-Sinnen in der Fledermaus-Höhle (Bat-Cave) ihre gemeinen Ränke. Schon ist er da und macht ihre sämtlichen Bemühungen lächerlich. Er ist geradezu der Kämpfer des Guten, das stets siegt.

Allein in den Jahren 1966 und 1967 gab es in Nordamerika über hundert Berichte von Zeugen, die »echte« Fledermaus-Menschen gesehen haben wollen. Hier nur ein Beispiel: Auf einem Friedhof im USA-Staat Virginia heben drei Männer ein neues Grab aus. Es dunkelt schon. Da erblicken sie auf dem Ast eines benachbarten Baumes eine schemenhafte Menschengestalt, die sie beobachtet ... Plötzlich breitet das Gespenst seine mächtigen Flügel aus und flattert davon. Selbstverständlich eilen die Totengräber entsetzt heimzu ... Die schweizerische Tageszeitung »Blick« (Zürich, 23.10.1992) schreibt dazu: »Hatten die drei tief ins Glas geschaut? Oder zu viele Gruselgeschichten gelesen? Oder waren sie verrückt geworden?« Immerhin weiß man in Nordamerika, daß auch die Indianer an ihren Lagerfeuern von ähnlichen Wesen erzählen.

Auf alle Fälle scheinen heute in den Staaten der technologischen Zivilisation solche Vorstellungen erstaunlich lebendig: Man redet und schreibt mehr von ihnen als in früheren Jahrhunderten in den klassischen Vampirländern wie etwa Siebenbürgen oder Moldawien.

Die Sphinx und das Katzenvolk (Cat-people)

Ägyptische Rästel sterben nie

Die (oder der) Sphinx ist vor allem aus der ägyptischen Kunst und der griechischen Sage weltbekannt. Es ist ein Mischwesen mit Menschenkopf und Löwenleib – gelegentlich auch mit Adlerflügeln.

Noch bis ins 16. Jahrhundert sind die Stimmen der Gelehrten nachweisbar, die an die Möglichkeit glaubten, daß es diese Wunderwesen irgendwo gebe. Noch der große Zoologe Conrad Gesner behandelt die Sphinxe in seinem ausführlichen Abschnitt über die menschenähnlichen Affen. Als vorsichtiger Mann, dem die genaue Naturbeobachtung heilig war, zweifelt er an diesem Menschentier.

Immerhin versichert er uns, daß noch immer etliche »Naturkundige« davon überzeugt seien, es gebe Wesen dieser Art bei den »Traglodytern« (Höhlenmenschen), »so man heutigen Tags das Königreich Seylan (Ceylon, Sri Lanka) nennt«. Der kritische Tierforscher Gesner stellt aber zu solchen Nachrichten sachlich fest: »Ist dennoch ihrer (der naturkundigen Schriftsteller) keiner, der fürgeben könne, daß er es (mit eigenen Augen) gesehen habe.«

Gesner schreibt über Sphinxe ausgehend von den ausführlichen Schilderungen des Altertums. Offensichtlich hat man sich vor Geschöpfen dieser Art, die in Wüsten und Einöden hausen sollten, von Herzen gefürchtet. In dieser Beziehung sind sie nicht viel anders als all die Kobolde unserer modernen Sagen: »Denjenigen, die sie unbekümmert und in Frieden lassen, tun sie nichts.« Die Nachrichten über das Aussehen der Sphinxe sind einigermaßen übereinstimmend: »Doch sagt Aelianus, die Ägypter hätten diesen Affen (!) in zweierlei Gestalt gemalt, oben wie eine Jungfrau und unten wie einen Löwen.«

Unbestritten haben sich nicht nur die Ägypter und Griechen mit den Sphinxen beschäftigt, finden wir diese doch in der alten Kunst von Nordafrika über Vorderasien bis nach Persien und Indien. Sehr ähnliche Darstellungen von Jaguarmenschen kannten die Kulturen Ur-Amerikas.

Die orientalischen Dichter und Denker, die sich mit den ältesten Menschheitstraditionen beschäftigten, sahen hier geradezu getreue Abbilder jener Wesen, die in den früheren Zeitaltern lebten. Lange bevor Allah die Urahnen der heutigen Menschen, Adam und Eva, erschuf, seien sie bereits dagewesen! Endlose Reihen von Urkönigen soll es in den Welten der fernsten Vergangenheit gegeben haben: Das Aussehen dieser Mächtigen, »so wie der Völker, die sie beherrschten, lassen an Sonderbarkeit und Abenteuerlichkeit die wildeste Einbildungskraft weit zurück. Vielköpfig, vielarmig, vielfüßig, vielleibig, mit Löwenrachen und Drachenschwänzen, mit Pferdehufen und Bocksfüßen.«

Der große König Salomo soll nach den Orientalen diese Wesen der Urzeit erforscht und gekannt haben. Nicht zuletzt dank diesem Wissen soll er schließlich zur Erkenntnis gelangt sein, daß es unter der Sonne nichts Neues geben könne. In seinem Wunderschloß in Persepolis habe er solche Wesen abgebildet, die er selbst dank seiner wunderbaren Begabung des Hellsehens kannte. Dort seien die mächtigen Geister dargestellt: die Dschinnen mit den Tierleibern und Menschengesichtern als treue Pfortenhüter.

Auch Gesner versichert nach den Berichten des Altertums, daß die Ägypter »dieses Tieres Bildnisse auf alle Portale oder Türgestelle ihrer Tempel und Gotteshäuser malen oder bauen lassen«. Diese Nachricht scheint uns zuverlässig. Eugen Jung, der viel in Nepal und Burma reiste, erwähnt ähnliche geheimnisvolle Mischgeschöpfe, die ebenfalls als magische Wächter der heiligen Plätze gelten: »... die meist riesigen Manokthias oder Chinthes ..., die mit dem Körper eines Löwen und dem schauenden Antlitz des Menschen, der (ägyptisch-griechischen) Sphinx ähnlich sehen.« Sie gelten ebenfalls als Darstellungen von gewaltigen Schutzmächten, »die Feinde abwehren und Orte schützen«.

Gelegentlich sieht die orientalische, arabische, persische und türkische Dichtung hier echte Darstellungen der Wesen aus dem Dschinnenvolk. Als Beweis der Größe des Königs Salomo versichern die Legenden, daß er nicht nur über die Menschen herrschte. Er war demnach auch befähigt, mit viel Liebe und Verständnis über diese Geisterwesen und die Tiere zu regieren: Wenn er auf seinem stolzen Throne saß, gaben ihm die Vögel den kühlenden Schatten – und die tiergestaltigen Dschinne hielten und stützten seinen Sitz.

Hier wächst aus der Tiersage der Vergangenheit ein zeitloses Sinnbild: Nur ein wirklich weiser Herrscher kann ein Reich verwalten, das allen Wesen in seinen Grenzen den Segen bringt. Dessen Weisheit ist aber nur möglich durch einen »König der Könige« wie Salomo. Sein Wissen entstand erst dadurch, daß er alle Geheimnisse der Urzeit und der Wesen jeder Art erforschte!

In der Zigeunertradition, die die Nomaden von Ägypten oder Indien mitgebracht haben wollen, ist die Sphinx das Geheimnis des Menschen. Sie zeigt das Zusammenspiel des göttlichen Geistes mit dem Leib, der tierisch ist. Bei der Deutung der entsprechenden Tarotbilder vernahm ich: »Auf dem Trumpf *Das Schicksalsrad* sitzt eine Sphinx an höchster Stelle. Ihr Katzen- oder Löwenleib bedeutet einen Körper, der uns vollkommen dient.« Man nahm für die Sphinx den Leib des mächtigen Katzentiers, weil man es besonders bewunderte: »Seine Sinne überragen die unseren, es ist beweglich, schnell und fast in jeder Haltung schön.«

Der Syrer Mohammed Ibn Abu-Thaleb Dimeschqi bezeichnete die Sphinx von Ägypten noch im 13.–14. Jahrhundert als eins der »wunderbarsten Dinge« der Welt. Er erklärte sie nach den Lehren der Sabier (Sternverehrer) als eine Darstellung der Urkraft des Planeten Venus. Von ihr hätten die Alten behauptet, daß sie »Männer und Frauen, die Jünglinge und die Kinder mit Freude und Fröhlichkeit beschenkt«.

Offenbar stellte man sich vor, daß die Sphinx-Bilder das Rätsel des Menschen, seine Verbindung von himmlischem Geist mit dem »tierischen« Körper aufzeigten. Nur für den, der diese Tatsache erkannte und freudig annahm, sollte ein einigermaßen leichtes und fröhliches Leben möglich sein.

Geschwister der Wetterhexen

Die Katzen haben beim Nahen von Gewittern oft einen geradezu »stoberen«, verwirrten Ausdruck. Viele ihrer Beobachter entwickelten eine Vermutung: Die verhältnismäßig starken elektrischen Ströme im Fell und Körper des Tieres würden durch starke äußere Natureinflüsse gesteigert oder gestört.

Das Volk hat in Scherz und Ernst für diese »Verwirrung« eine andere Erklärung. Man sagte etwa: »Die Katze wird beim Gewitter unruhig. Sie möchte wohl auf eine Höhe, wo die Blitze einschlagen und die Äste der Bäume nur so knistern. Dort würde sie gern mit dem Katzenvolk herumtanzen.«

Diese Erklärung hörte ein mir bekannter Lehrer und Sagensammler noch in der Nähe von Sigriswil über dem Thuner See. Meine Großmutter, die lange im Gebiet der uralten Stadt Kiew gelebt hatte, glaubte ziemlich wörtlich das gleiche. Sie sagte: »Eigentlich gehören Blitz, Katze und Hexe zusammen wie die drei ersten Buchstaben in unserem Alphabet. Wer das eine Wort ausspricht, dem fallen ziemlich sicher auch die beiden anderen ein.«

In einem alten Puppenspiel aus dem Rheinland singt die nächtliche Hexenversammlung bei einem heiligen Felsen im wilden Wald:

»Meister erschein aus deiner Kluft!
Es heult der Sturm wohl durch die Luft.
Es treibt das Gewitter in die Kreuz und Quer.
Ach bring einen starken Donner uns her!«

Sie rufen dann bei ihrem Rundtanz den Blitz an: »Schlag ein! Schlag ein! Schlag siebenmal ein!« Nun bilden auch in bayerischen und anderen Volkssagen die Hexen und Katzen eine erstaunliche Einheit. Alte Hexen verwandeln sich in Katzen – und umgekehrt! Unter den Katzen, »die sich immer im Haus einer Hexe aufhalten«, lebt häufig in Tiergestalt deren einstige Lehrerin, »meistens wiederum ihre eigene Großmutter«: Wenn das auffallend schöne Tier der weisen Frau auf dem Schoß oder auf dem Buckel hockt und schnurrt, flüstert es seiner menschlichen Gefährtin Geheimnisse zu. Im übrigen erkennt man in Savoyen und in angrenzenden Gebieten einen Menschen mit Neigung zum Hexenwesen schon in seiner zarten Jugend an seinen »Katzenanlagen«: Er ist wetterempfindlich, seine Haare sprühen bei Unwetter oder beim Kämmen Funken, er kann im Finstern besser sehen als seine Zeitgenossen …

Das »richtige Wetter« verstärkt in der Nacht auch die inneren Kräfte des Katzenvolkes, also der Hexen, ungemein. Es ermöglicht sogar ihren Seelen – die Okkultisten reden viel lieber von »Astralleibern« –, aus den Körpern zu schlüpfen und sich an die Orte zu begeben, die wiederum voll geheimnisvoller Strahlungen sind.

Eine wichtige Bedingung: Sie müssen wieder in ihren unterdessen tief schlafenden »materiellen Leib« zurückkehren, bevor das Morgenlicht naht: Sonst könnte das feinstoffliche Gewebe des Astralkörpers verderben. Die Folge davon wäre der augenblickliche Tod des unvorsichtigen Katzenmenschen!

Meine Großmutter erzählte mir als eine der vielen Sagen aus der verzauberten Ukraine: Eine Hexe gab einem jungen Mann, der Liebe suchte, folgenden Rat. Er solle sich an den halbverfaulten Resten einer uralten Eiche niederlegen, die schon in fernen Heidenzeiten dem wilden »Perun« geweiht war: So heißt in den teilweise noch immer sehr volkstümlichen slawischen Chroniken der Donnergott. Das Wort wird aber immer noch für den Blitz selber verwendet. Der Jüngling sieht dann – ob wirklich oder im Traum ist für die Hexensagen meistens völlig gleichgültig – ein Dutzend Riesenkatzen auftauchen. Sie beginnen nun ihren uralten Tanz um den Eichenstrunk. Kein Mensch, der ihn auch nur einmal geschaut hat, kann ihn wirklich genau schildern – keiner aber kann ihn vergessen! Ich habe dies, noch zu Lebzeiten meiner Großmutter, nach ihren Worten so niedergeschrieben: »Merkwürdig lautlos huschten ihre Schatten, schnell und immer schneller, um das jetzt unheimlich hell schimmernde morsche Holz.«

Die Hexenkatzen blicken auf einmal mit ihren leuchtenden Sternenaugen auf den Burschen und stürmen dann wie auf ein geheimes Zeichen auf ihn los. Fast hätten sie ihn erreicht – da vermochte er noch mit einem Kesselhaken einen schützenden Kreis um sich auf den Boden zu zeichnen. Die wilden Katzen prallten an diesem ab wie an einer Mauer: Sie rasten nun um den Ring herum, unfähig, die gezogene Linie zu überspringen.

Nur eine, die wildeste, war schon da, bevor der Zauberlehrling den Ring um sich ganz schließen konnte. Sie schnaubte in machtloser Wut: Weder konnte sie jetzt fliehen noch den Jüngling, der sie mit seinem Kesselhaken vom Leibe hielt, mit ihren stählernen, im Mondlicht aufglühenden Krallen zerfleischen.

So wanderten die schrecklichen Stunden, doch der Bursche hielt durch, obwohl sein Herz vor Entsetzen stillzustehen drohte. Da flehte das Hexenwesen im Kreis: »Laß mich heraus, mutiger Held! Schon verblaßt der Schein der Sterne. Bald kräht im Dorfe unten der erste Hahn, bald kommt die Morgenröte – dann bin ich rettungslos verloren. Laß mich bitte heraus – so will ich dein sein!«

Der Bursche packte das Geschöpf der Nacht und warf es aus dem Kreis. Es verschwand spurlos seinen Gefährtinnen

»Wenn die wilde Jagd tobt«: Geschöpfe mit Katzenkörpern oder -köpfen sollen in Sturmnächten einsame Wanderer erschrecken.

nach, die bereits das Weite gesucht hatten. Die Geschichte, selbstverständlich als »wirkliche Tatsache« erzählt, endet wie die meisten unserer ähnlichen Sagen: Der von seinen Abenteuern erschöpfte Jüngling begibt sich auf den Heimweg. Doch das erste lebendige Wesen, dem er an diesem Morgen begegnet, ist das schönste und reichste Mädchen des Dorfes: »Ich muß mein Versprechen einlösen«, sagt es unvermittelt, »nun bin ich dein!« Die Sage endet im übrigen recht versöhnlich und gemütlich: »Die beiden heirateten, bekamen Kinder und lebten glücklich.«

Solche Geschichten vom »Katzenvolk«, den »Magoschka-Manusch« der Zigeuner, sind für mich eigentlich echte Sphinx-Sagen: Sie enthalten die Ahnung von den Naturgeheimnissen um Mensch und Tier.

Lust am Energie-Spiel

In Dutzenden von Studierzimmern ernsthafter Erforscher unbekannter Naturkräfte kann man sie unzertrennlich finden: die künstlerische Darstellung einer Sphinx auf dem Studiertisch und die sich auf Briefen und Notizpapieren räkelnde und quicklebendige Katze. Beide sind zweifellos zusammengehörende Sinnbilder für all die unwägbaren Wirkungen in unserer Umwelt.

Justinus Kerner war bekanntlich Arzt, romantischer Dichter und einer der wichtigsten Vorläufer der modernen parapsychologischen Forschung: In seinem *Bilderbuch aus meiner Knabenzeit* erinnert er sich an eine »Frau von Gaisberg«. Sie scheint ihm einige der Anregungen vermittelt zu haben, nach dem Wahrheitskern der Tier- und Hexensagen zu suchen.

Dieser Vertreter einer eigenwilligen Naturbeobachtung erzählt: »Sie hatte ein wahres Katzenkloster, dessen Äbtissin sie war ... Die Umgebung dieser Frau und ihre ganze Erscheinung strahlten etwas Dämonisches, Hexenartiges aus. Sie machte in Begleitung einer großen Prozession von Katzen, von denen mehrere auf den Hinterbeinen liefen (denn so hatte sie es sie gelehrt), öfters einen Spaziergang hinter ihrem Hause ... Hier beobachtete ich sie heimlich. Ich hörte, daß sie mit ihnen in einer eigenen, den Katzentönen ähnlichen Sprache konversierte und sie dann auf einem Rasenplatz mit Baldrian fütterte, worauf sie die wunderbarsten Stellungen und Sprünge machten, an denen sie sich zu ergötzen und die sie durch ähnliche Sprünge nachzumachen schien.«

Wie man mir anläßlich meiner Vorträge dauernd erzählte, gab es im ganzen weiten Umkreis des Alpenraums kaum ein auf seinen Brauch stolzes Dorf, kein malerisches Städtchen ohne eine ähnliche »Katzenfrau«. Da solche Mitbürgerinnen den meisten Mitmenschen weniger nahestanden als ihren Tieren, kreisten um sie oft merkwürdige Geschichten. Gelegentlich vermerkte sogar jemand, freilich ohne boshafte Hintergedanken: »Früher hätte man wohl so eine ohne viel Federlesen als Hexenweiblein verbrannt.«

Im übrigen war man überzeugt, daß ohne solche Menschen die Welt viel ärmer wäre. Man sagte etwa: »Sie machen manches gut, dessen wir uns häufig aus Unachtsamkeit an den stummen Geschöpfen Gottes versündigen.« Sah man irgendwo ein halbverhungertes, erfrierendes Kätzchen, brachte man es der Katzenfrau. Man war sicher, daß sie für das Tierchen sorgte. In dieser liebevollen Sorge sah man einen echten Dienst gegenüber der Allgemeinheit. Dafür waren die Mitbürger meist sogar bereit, der Katzenmutter einen Beitrag zu ihrem Lebensunterhalt zu leisten.

In Baden-Baden hörte ich von einem reichen Bauern der Umgebung, der einer solchen Frau eine Nebenhütte überließ und ihr sogar die Bezahlung der Miete schenkte. Er sagte: »Wenn wir einem Menschen entgegenkommen, der manches Versäumte an den Tieren gutmacht, kommt es uns als Segen wohl hundertfach zurück.«

Damit meinte er ganz sicher nicht nur, daß die Katzen seiner Nachbarin die Mäuse und Ratten von seinen Kornvorräten, Speckschwarten und Würsten vertrieben. In meinem Buch *Göttin Katze* habe ich einige der wichtigen Berichte zusammengestellt: Nach diesen bannt dieses »elektrische« Tier die für unser Wohlbefinden gefährlichen Erdstrahlen durch seine bloße Anwesenheit. Dies versicherte seit jeher der Volksglaube in unseren Alpenländern, und dies scheinen auch moderne Beobachtungen und Messungen zu bestätigen.

Ich möchte mich hier nicht wiederholen. Es sei nur nachgetragen, daß sich die Forschung schon vor über fünfzig Jahren mit solchen Dingen beschäftigte. Bei einem der damals umstrittenen Wahrsager und Parapsychologen finde ich das folgende: »Katzen lieben die Erdstrahlen, sie suchen sogar solche Stellen auf, meiden unbestrahlte Zimmer. Sie schlafen daher lieber an unbehaglich scheinenden Stellen im Flur ...« Also meist gerade dort, wo solche »Erdstrahlen« besonders stark sind!

Dieser Verfasser sieht in diesen Beobachtungen eine Möglichkeit der Erklärung vieler Hexengeschichten aus Slowakei, Ungarn, Rumänien und Bayern: »Es wird auch verständlich, warum Katzen eine so geheimnisvolle Rolle bei vielen Völkern spielten; warum sie in der krebs-, kropf- und basedowbestrahlten Schweiz so zahlreich und besonders schön sind ...«

Ob Krebs, Kropf- und Basedowkrankheit tatsächlich teilweise aus ungünstigen Bodenstrahlungen stammen, kann ich als Nicht-Mediziner selbstverständlich nicht entscheiden. Die einheimische Heilkunst des Volkes folgt aber nun einmal dem Grundsatz des großen Naturforschers Paracelsus, der stets lehrte: »Wo ein Übel ist, entsteht daneben auch das Heilmittel!«

Seit ich die alten und neuen Geschichten zur volkstümlichen »Katzenmedizin« veröffentlichte, hörte ich mehrfach: Gewisse Krankheiten treten in bestimmten, wohl an ungünstigen Plätzen erbauten Häusern erstaunlich häufig auf. Oft leben aber gerade hier völlig gesunde Menschen, die gleichzeitig ausgesprochene Katzenfreunde sind. Helfen nun die starken »Eigenstrahlungen« der Tiere den Menschen in ihrer

Umgebung? Oder entwickeln diese Katzenfreunde oder »Katzenmenschen« gegenüber gewissen schädlichen Strahlungen ähnliche Eigenschaften wie ihre Lieblinge? Können sie also dann, ganz ähnlich wie die Tiere, gewisse Einwirkungen, die für andere schädlich sind, in günstige Einflüsse umwandeln?

Auf alle Fälle glaube ich, daß auch hier der überlieferte Volksglaube des Katzenvolkes zu einer wichtigen Quelle für die Naturwissenschaft der Zukunft werden kann: Gerade im Zeitalter der verschiedenartigen Strahlenschäden rechne ich auf diesem Gebiet mit entscheidenden Entdeckungen.

Berufe mit Geheimnissen

Die Verbreitung der Erzählungen von den Katzenleuten deckt sich auf der europäischen Karte deutlich mit den Sagen um die Werwölfe: Sie nimmt nach Süden hin zu. Auch kommen diese Katzensagen häufiger in ausgesprochenen Berggegenden vor als in den weiten Ebenen, durch die kalte Winde brausen.

Die Nordgermanen kannten zwar das Göttergeschlecht der magiekundigen und erotischen Wanen. Es wird vom schönen Paar Frey und Freyja geführt, wobei die große Beschützerin der Liebenden auf ihrem Katzengespann dahinfährt. Gerade diese beiden geheimnisvollen Wesen stehen aber den übrigen Göttern, den Asen, eher fremd, sogar feindlich gegenüber: Die Völker, die sie verehrten, scheinen eher aus Osteuropa, dem Balkan oder Kleinasien zu stammen.

Sehr mit der Katze verbunden ist im Mittelalter die heilige Verena. Sie gilt noch immer als Hüterin der Heilbäder, »deren wunderbare Wasser von den Alpen her strömen« – von Baden oder Zurzach. Sie soll von Ägypten her in unsere Gegenden eingewandert sein. Die Begründerin des Katzenmuseums in Riehen bei Basel, Rosemarie Müller, schreibt über diese Dame: »Noch heute soll es Mädchen geben, die ihren Kopfschmuck aus Dankbarkeit der Statue der Katzenheiligen zu Füßen legen, wenn sie glückliche Braut geworden sind.«

Die Katze als Tier der Fruchtbarkeit war bei allen beliebt, die mit der Lebensenergie arbeiteten. So gab es selten Bademädchen, Masseusen, Wahrsager, Heiler, Kräuterhexen oder Hebammen, die nicht zumindest eine Lieblingskatze besaßen: Durch das Streicheln des elektrisch funkenden Fells sollen sich ihre Heilkräfte vermehrt haben – die ihre tierischen Freunde in der Natur »einholten«. Den Abergläubischen galten sie alle als Freundinnen oder Verehrer von Katzenkobolden.

Aus dem ägyptischen Kulturkreis stammt nicht nur die gesteigerte Verehrung der Hauskatze und der Naturmagie. Im Niltal scheint man schon sehr früh Wasser- und Windmühlen entwickelt zu haben. Die fruchtbaren Wasser strömten aus dem Herzen Afrikas. Sie spendeten den Menschen Getreide in Hülle und Fülle. Wie wir aus der Bibel und anderen Quellen wissen, lernte man hier die Kunst, das Korn auch für Hungerjahre aufzubewahren. Verschiedene Erforscher unserer Haustiere versichern, daß freilich auch dies nicht ohne die heiligen Katzen möglich gewesen wäre: Sie hinderten die Nagetiere daran, über die Vorräte herzufallen.

Der Reichtum der aufbewahrten Grundnahrung erlaubte vielen Ägyptern, sich vollamtlich der Bildung und der Kunst hinzugeben. Aufzeichnungen auf Papyrus-Blättern entstanden, in denen fleißige Priester Erfahrungen aus Naturwissenschaften und Geschichte niederschrieben. Unter dem griechischen Königsgeschlecht der Ptolemäer entstand daraus die Riesenbibliothek von Alexandrien. Auch da wäre es wohl nicht ohne die Wächter auf vier Pfötchen gegangen. Bis in die Gegenwart kennt man zwischen Europa und Japan die »Bibliotheks-Katzen«. Sie retteten noch bei uns die alten Bücher vor der Gier des Mäusevolks: Verständlicherweise wurden sie dadurch zu so etwas wie Schutzengeln der überlieferten Bildung.

Auch unseren Müllern nördlich der Alpenkette wurde überdurchschnittliche Katzenfreundschaft nachgesagt. Waren sie tatsächlich, zusammen mit ihrem Lieblingstier, während des Sturms der Völkerwanderung von Süden und Osten eingewandert? Auf alle Fälle besitzen sie auch in den einheimischen Sagen viel Geheimnisvolles, Magisches, »Ägyptisches«: Sie mußten schließlich für ihre tägliche Arbeit viel Wasser und Luft haben. Dies zwang sie, abseits der menschlichen Siedlungen zu hausen. Sie entwickelten darum als Nachbarn der freien Natur eine für sie notwendige Wetterfühligkeit. Ich vernahm gerade aus der Ukraine, diesem Land der Windmühlen: »Wenn du den Umschwung des Wetters nicht gleich der Katze vorausfühlst, wirst du nie ein guter Müller.«

»Wer die Katzen besonders liebt und sie immer um sich hat, besitzt in seinem ganzen Wesen viel Kätzisches«, auch das lehrte mich meine Großmutter. Solches gilt offensichtlich für alle Menschen unserer nahen Vergangenheit, die echte »Katzen-Berufe« ausübten. Dazu gehörte nicht zuletzt gerade »das Volk, das sich um die Mühlen herumtrieb«.

Da die Mühlen »für sich standen«, waren sie seit jeher die Treffpunkte von ausgesprochen freiheitsliebendem Volk, namentlich der einheimischen Nomaden. Urs Hostettler, mit dem ich in den siebziger Jahren unserer »verfemten« Volksdichtung nachgehen durfte, faßt zusammen: »Solche erotischen Mühlenlieder findet man bei allen Völkern des Abendlandes. Vielerorts war die Mühle Freudenhaus und Schaubude zugleich. Da trafen sich die freien Mädchen, dubiose Gaukler und Spielleute.« Hier herrschte ein nächtliches Treiben, das das Volk »ewiges Katzentheater« nennt. Die Leute, die zum Mahlen des Korns zur Mühle kamen, genossen dort auch Unterhaltung: Geschichtenerzählen, Tanz und Musik.

In den erwähnten Liedern sind Müller und Müllerin Anhänger der freien Verbindungen zwischen den Geschlechtern: Sie ziehen auseinander, wenn Leidenschaft und Liebe unter ihnen erloschen ist. Die Frau singt, sie könne in der Mühle keinen Zwang ertragen: »Da draußen auf der grünen Heide, / Da bau ich mir eine eigne, / Wo's klare Wasser fließt / und mich kein Mensch verdrießt!«

Die Kunst, sich nächtens in Katzen zu verwandeln, schrieb man einst auch den Frauen auf dem »Bödeli« – das Land zwischen den beiden Alpenseen von Thun und Brienz – zu. Sie sollen besonders um die sagenhafte »Aar-Mühle« gewohnt haben. Zu ihren Versammlungen bei Vollmond zogen sie auf die recht einsame Alp Seefeld: Die schönen Müllerinnen, die sich in Katzen verwandeln, kommen in zahlreichen Sagen vor.

Die Behuften und Gehörnten

Bei den Roß-Kentauren

Die Kentauren, die starken Roßmenschen, haben die griechischen Künstler und Gelehrten besonders beschäftigt. Achilles, diese Verkörperung aller ursprünglichen Tugenden, wurde nach der Sage vom weisen Pferdemann Chiron erzogen und ausgebildet. Ist hier eine echte Erinnerung aus der Zeit früher Völkerwanderungen?

Aus den ältesten Schilderungen, besonders bei Homer, treten die Kentauren als ein echt wildes, »barbarisches« Urvolk hervor. Sie sind von menschlichen Leidenschaften erfüllt, leben sie auch ungezähmt maßlos aus – von den grenzenlosen Kräften der Tiere verstärkt. Die Männer dieser Rasse sind von gieriger Lust auf das weibliche Geschlecht getrieben und darum gefürchtete Frauenräuber. Unbestritten sind sie gewaltige Zecher, und ihre Festfreude ebbt erst dann ab, wenn sie im Zustand des Rausches die wirkliche Welt um sich vergessen.

Man fürchtet sie als mächtige Krieger, die auch die ganze Natur, etwa Felsbrocken oder Baumstämme, im Kampf einzusetzen wußten. Dies erschien vielen Kennern der griechischen Überlieferung als reines Märchen, doch die Gegenwart scheint uns eines Besseren zu belehren: Die Reiterstämme von Afghanistan wußten sich vor den modernsten Panzern der Sowjetunion in die unwirtlichen Heimatgebirge zurückzuziehen. Mit hinunterrollendem Gestein konnten sie häufig das Vorrücken eines Feindes aufhalten, der stumpf nur an seine Technik glaubte …

Im übrigen galten die Kentauren zusätzlich als vorbildlich

im Handhaben von Pfeil und Bogen. Die alten Bilder der Astrologen zeigen uns das Sternbild des Schützen oft in der Gestalt eines mächtigen Kentauren: Man hat diesen oft als einen Helden dargestellt, der in eine Richtung galoppiert und gleichzeitig in die andere, also nach rückwärts, seinen Pfeil abschießt.

Auch dies erinnert uns an die gefürchtete Kriegskunst der eurasischen Reitervölker, die über die Weiten der Ukraine ins Herz von Europa vorstießen. Die Krieger der einheimischen Völker schossen im allgemeinen vom Boden aus. Waren sie beritten und wollten sie den Feind doch mit dem Bogen bekämpfen, stiegen sie in der Regel aus dem Sattel.

Die gefürchteten Nomaden des Ostens, die Tataren, Kumanen u. a. hatten aber eine andere Kunst erlernt. Nach einem ersten Angriff zogen sie sich meistens rasch zurück. Wurden sie nun verfolgt, so drehten sie sich auf dem Roßrücken nach hinten. Während ihre Pferde, jedem Schenkeldruck gehorsam, weiterbrausten, schossen sie rückwärts: Diese Kriegslist soll den wilden Steppenreitern viele Siege beschert haben.

Wie wir zusätzlich aus den Bildern des Trojanischen Krieges und ähnlichen Darstellungen wissen, zogen die alten Griechen in ihren Schlachten ganz offensichtlich die Kampfwagen vor. Die Rosse führten das rasche Gefährt dem Gegner entgegen. Der Roßlenker mußte die Kunst beherrschen, seine Tiere so zu zügeln, daß der eigentliche Kämpfer stets einen einigermaßen sicheren Stand hatte: Das Kämpfen vom unsicheren Pferderücken her schien den Völkern der Hellenen eher barbarisch und unheimlich.

Die Sagen um ihre ewigen Jagden und Stammeskriege ließen all die Tataren und Kosaken nördlich des Schwarzen Meeres noch bis ins 18. Jahrhundert fast als Märchengestalten erscheinen! Sie wußten Knochenbrüche und die Folgen von Verwundungen meisterhaft zu heilen. Wir verstehen, daß sie schon aus diesem Grunde von den Gebildeten häufig mit dem großen Kentaurenarzt Chiron verglichen wurden.

Hatte im übrigen ein Kind in der Ukraine Ansätze zu

O-Beinen, tröstete man es mit den Worten, es sei wohl »ein künftiger großer Reiter«. Zum Spaß oder auch im Ernst vermutete man, daß sich eben unter seinen Vorfahren ganz sicher »wilde Tataren« befanden, deren Beine seit den ersten Lebensjahren krumm wuchsen: »Der Grund dafür war, daß man sie früher das Reiten lehrte als das Setzen der Füßchen auf den festen Erdboden.«

Der bedeutende Schriftsteller und einzigartige Kenner des Volkslebens Nikolai Ljesskow erzählt von ähnlichen Beobachtungen: Ein Held seiner Geschichte *Der verzauberte Pilger* schildert uns, wie den Tataren zufolge auch ein entstellter Körper den guten Reiter nicht behindern konnte. »... ein verstümmelter Mensch sitzt aber noch besser (!) als jeder andere auf dem Pferd. Er gewöhnt sich, ... die Beine rund zu biegen. Er kann also das Pferd damit wie mit einem Reifen umspannen, so daß er gar nicht abgeworfen werden kann.«

Wir wissen nun aus zahllosen Berichten, daß nördlich vom Schwarzen Meer und dem Balkan auch zur Zeit der alten Griechen unzählige Nomadenvölker lebten. Sie wurden von den alten Geographen gewöhnlich unter dem Sammelnamen der Skythen zusammengefaßt. Etliche ihrer Stämme wurden bereits den späteren Tataren erstaunlich ähnlich geschildert.

Eines der wichtigsten Abenteuer des Herakles, des Hauptthelden der griechischen Sagen, ist dessen Kampf mit dem Kentauren Nessus. Er besiegt ihn, wird aber durch dessen blutdurchtränktes Kleid vergiftet. Doch weil er im Grunde ein himmlisches Geschöpf ist, wird das Leiden zu seinem Glück: Das Gift »verbrennt« nur das an seinem Leib Sterbliche, und so wird er durch die schreckliche Wunde zu einem himmlischen Wesen. Unter Jubel nehmen ihn nun die olympischen Götter in ihren unsterblichen Kreis auf.

Wenn einige Hauptstämme der Griechen, wie die meisten Forscher vermuten, in der Vorzeit aus den Gebieten nördlich des Schwarzen Meeres einwanderten, werden ihre Sagen immer verständlicher. Ihre Kentaurenkämpfe wären gleichsam Träume der Erinnerung an die Auseinandersetzung der verehrten Ahnen mit den fast unbesiegbaren Reitervölkern zwischen Asien und Europa. Die Griechen wußten darum noch sehr lange, daß sie einst von ihren Gegnern (und gelegentlichen Verbündeten) die Kunst des Überlebens erlernt hatten: Darum ehrt die Göttersage der Hellenenstämme die wilde Urzeit der Roßmenschen als die Grundlage der eigenen Kultur.

Seit der Renaissance verziert man im Abendland die städtischen Gebäude und Schlösser gern mit Gestalten in Stein. Besonders häufig sind es die Bilder von männlichen und weiblichen Kentauren, die mit ihrer Kraft die Behausungen zu stützen scheinen.

Irgendwie ahnten also die Europäer, daß ihre Welt erst dank der Erfahrungen der Roßvölker einst voll erblühen werde. Auf Wandteppichen und Gemälden von Fürstensälen schaute man auf Herakles oder Achilles, diese Schüler und Erben der Kentauren.

Esel-Kentauren und Verwandtschaft

Neben den beispiellos starken und stolzen Roßmenschen kannte das Altertum noch eine große Anzahl vergleichbarer Wesen, so vor allem das Eselvolk: Es ist, wie sein Tier, ein Sinnbild von unerschöpflicher Zähigkeit und durchglüht von fast unstillbarer Sinnlichkeit.

Dem berühmten Werk *Physiologus,* das einen Teil der griechischen Tierkunde ins Mittelalter rettete, kann man entnehmen: »Die Onokentauren (Esel-Kentauren) sind von ihrem Gesicht bis zu ihren Lenden Menschen, und ihr Rücken ist der eines Esels. Dicht ist ihr Huf, und erregt ist ihr ganzer Körper.«

Die Verwandlung von Menschen in Esel ist gerade in deutschen Sagen sehr häufig. In gewissen Jahresbräuchen verwendeten Menschen Eselsmasken. Die Hexen sollen zu ihren Festen gern auf magischen Eseln durch die Lüfte reiten. Bei ihren wilden Tänzen während der Mondnächte können sie gelegentlich die Gestalt des Tieres annehmen, das ihr Liebling ist: Er kann ein »Goldesel« sein, der seinem Besitzer jedes irdisches Glück bringt.

Den Mai nannte das naturverbundene Volk geradezu »Eselsmonat«. Man war überzeugt, »daß dann alle Esel verliebt sind«. Es wurde sogar vermieden, in dieser Wonnezeit der Erde zu heiraten. Die Ehe sollte eben nicht der Ausdruck einer maßlosen sinnlichen Leidenschaft sein, sondern einer vernünftigen Überlegung ...

Die Eselsmenschen sind Wesen von übermenschlicher Sinnlichkeit. Sie können ihre Tierzüge oft sehr gut verbergen. In diesem Sinn dürfen wir z. B. die Geschichte von den Onoscelen begreifen: Es sind, wie schon ihr Name verrät, Frauen – die Eselsbeine besitzen! Diese sind den Blicken verborgen, und so können sie ihren arglosen Opfern leicht beikommen.

Über sie erzählt uns Lucian von Samosata: Sie wohnen auf einer der geheimnisvollen Inseln des Altertums. Schön, vornehm gekleidet, treten sie den Seeleuten entgegen. Sie sind eigentlich Meerfrauen, die sich sogar in fließendes Wasser zu verwandeln vermögen.

Doch schläft einer der vertrauensvollen Gäste mit ihnen, ist er schon bald ihr Opfer. Ihre Nähe raubt den unvorbereiteten Menschen die ganze Lebenskraft – von dieser nähren sich eben die Eselsfrauen! Haben wir hier wieder einmal eine Warnung des Altertums an die unachtsamen Matrosen? Lasset euch nie mit schönen, aber geheimnisvollen Insulanerinnen ein, zumindest nicht, bevor ihr deren Bräuche kennt.

Irgendwie mit dem Volk der eigentlichen Eselsmenschen verwandt ist in der griechischen Götterwelt der Silen oder das Volk der Silene. Meistens sind es Wesen mit langen Ohren, Schweif und Hufen. Der Ausdruck und die Gesichtsbildung entspricht nicht den griechischen Vorstellungen von Schönheit: Der Bauch ist umfangreich, der Mund groß, die Nase wie beim Affen aufgestülpt, die Augen sind rund ... Wenn ein Silen auf dem Boden geht, torkelt und taumelt er – man sagt, er sei immer betrunken! Häufig reitet er auf einem Esel, von dem er überhaupt unzertrennlich zu sein scheint.

Gelegentlich hat man die Silene mit den Satyren gleichgesetzt. Andere sahen in ihnen Berggeister, die den Griechen zufolge die Wälder der Anhöhen bewohnten. Einige Deuter vermuteten in diesem Sagenkreis die Erinnerung an menschenähnliche Affen. Andere meinten, es handle sich um die Schilderung eines »primitiven« Volkes, das den Griechen bei ihren Wanderungen begegnete.

In der Überlieferung, die sich auch bei Aristoteles findet, scheint dieses halb tierische Wesen recht stolz gewesen zu sein: Man habe einen Silen gefragt, was wohl für einen Menschen auf der Welt am zuträglichsten sei? Das Geschöpf weigerte sich erst, wohl aus Höflichkeit und Rücksicht, darauf zu antworten, dann meinte es aber: Das Beste für den Menschen wäre, wenn er überhaupt nicht geboren würde. Das Zweitbeste – wenn er gleich nach seiner Geburt sterben könnte …

Im übrigen erzählt eine Geschichte: Der Silen und sein Esel halfen den Göttern entscheidend bei ihrem Kampf gegen die Titanen, die sie zu stürzen versuchten. Das arme Tier erschrak ob der widerlichen Gestalten der weltzerstörenden Riesen. Es begann gellende Schreie auszustoßen, und die Bösewichter ergriffen die schmachvolle Flucht. Sie waren überzeugt, das Tier mit den langen Ohren sei eine Geheimwaffe der Götter, gegen die sie völlig machtlos wären.

Gelegentlich hat man den Silen sogar zu einem Sinnbild der Philosophie, also der Liebe zur Weisheit, werden lassen. Die lebensfreudigen Griechen vermuteten wohl, der Mensch, ohne das Tier in sich, könnte leicht in Todesfurcht und anderen Trübsinn hineingeraten. Das irdische Dasein erscheint ihm dann als Qual, das Altern und das Ende sicher, das Weiterbestehen im Jenseits ein unsicherer Trost. Gerade der vielseitige Aristoteles, als Vertreter der griechischen Spätzeit, hat darüber mancherlei düstere Gedanken niedergeschrieben.

Von Aristoteles sagte man darum im Vergleich zum weisen Silen, er sei im Geist nie auf dem Esel, sondern auf dem Roß geritten. Er eile deshalb schneller durch die Gedankenwelten. Ein Nachteil: Er sei dabei oft gründlich gestrauchelt …

Der Esel, der schwere Bürden mit Geduld trägt, war eben ein Tier, das man wegen seines ungebrochenen Lebenswillens bewunderte: Wohl aus diesem Grunde fand er den Zugang in das Reich der griechischen Halbgötter und Halbtiere.

Das Hirschgeweih auf den Schultern

Vom Tibet bis in den Alpenraum waren bei der Fastnacht und ähnlichen Frühlingsbräuchen die Hirschmasken außerordentlich beliebt: Sie gehören zweifellos zu Vorstellungen, die bis in die Eiszeit zurückreichen.

Es gibt eine vorgeschichtliche Darstellung eines Menschen mit Hirschkopf. Wie immer finden wir dieses Geschöpf verschiedenartig gedeutet: Ist es einer der Waldkobolde, die unsere Vorfahren bei ihren Jagden um Erfolg anriefen? Ist es ein Zauberer, der Medizinmann oder Schamane, der im Hirschkleid tanzte?

Die alten Kelten kannten einen Gott oder Helden Cerunnos, der mächtige Hirschhörner besitzt. Eine ähnliche Gestalt wollte man auch für Osteuropa nachweisen: Ernst Krause bildete einen ganz ähnlichen Perkunas ab, der als Donner- und Blitzgott der Baltenstämme gilt.

Daß dem Hirsch etwas Göttliches innewohnt, finden wir auch in christlichen Legenden: Der heilige Hubertus oder der heilige Eustachius soll ein Tier getroffen haben, zwischen dessen mächtigen Hörnern er im Lichtglanz den gekreuzigten Christus selber erkannte. In der Überlieferung vom Thuner See soll der Herr Ptolomaios von Strettlingen, der ein großer antiker Weiser war, das gleiche Wunder erlebt haben. Solche und ähnliche Geschichten erzählten fromme Jäger in ganz Europa. Sie nahmen daraus ihre Überzeugung, daß Gott »durch alle seine Geschöpfe« zu wirken vermag. Selbstverständlich entstand dadurch der feste Glaube: Auch gegenüber den Tieren unserer Umgebung müssen wir stets Rücksicht zeigen, und wenn wir uns von ihnen ernähren, erst recht.

Die Engländer kennen teilweise den Wilden Jäger unter dem Namen Herne, »Herne the Hunter«. Er soll gelegentlich ebenfalls mit einem Hirschkopf erscheinen. Forscher sehen hier eine Überlieferung aus dem Volk des großen Cerunnos und eine Erinnerung an die keltische Zeit. Es wurde mir erzählt, dieser »Wilde Jäger« sei weniger ein Sucher nach tierischer Beute, sondern eher ein Beschützer aller Waldbewohner. Auch wenn Menschen vor ungerechten Herrschern in die Wildnis fliehen, bewahrt er sie vor den Verfolgern. So soll sich der Freiheitsheld Robin Hood seiner Freundschaft erfreut haben.

Es gibt heute in England recht viel weibliches und männliches Hexenvolk, das sich dem vorgeschichtlichen Naturglauben der Vorfahren zuwendet. Der Waldgeist mit dem Hirschhaupt erfreut sich unter ihm einer besonderen Beliebtheit. Wenn man von Herne Geschichten beim Einnachten erzählt, soll dies in uns den Willen und den Stolz der Unabhängigkeit erzeugen: »Herne liebt nur freie Menschen.«

Auch schickt er, wenn man ihn in seinen Wäldern anruft, Träume aus seinem grünen Reich. Man fühlt sich im Schlaf als Hirschbock oder Hirschkuh. Frei und von starken Muskeln getragen, bricht man durch das Gebüsch. Wie alle anderen Tierträume kann dies echten Genuß bereiten.

Selbstverständlich sind solche inneren Abenteuer nur nach entsprechender Vorbereitung möglich. Es wird empfohlen, in eine Gegend zu gehen, in der das Hirschvolk noch reich vertreten ist. Man wähle eine Jagdhütte inmitten des rauschenden Waldes. Man entzünde dann im Kamin echtes Waldholz; dies erzeugt wohlige Wärme und zauberhaftes Knistern, und schon nahen die Träume, die man im Häuserdschungel der Großstadt so entbehrt. Plötzlich ist man wieder im »lustigen Alten England« (merry Old England) der Kelten.

Von den Bourbonen-Königen von Frankreich wird erzählt,

daß einige gerade in der edlen Hirschjagd die notwendige Entspannung suchten – und fanden. In einer Waldgegend, in der man Hirsche schützte und züchtete, soll auch der berühmte Hirschpark (parc aux cerfs) Ludwigs XV. entstanden sein.

Dieser ist bekanntlich von vielen Sagen umgeben. Angeblich hausten hier viele junge und schöne Damen aus allen Ständen. Der König soll sich diesen Platz voll lebender Nymphen erschaffen haben, weil sein ganzes Zeitalter dem einen verfallen war: einer maßlosen und wahrscheinlich einseitigen Verehrung der Sinnlichkeit des Altertums.

Das 18. und 19. Jahrhundert berauschte sich an diesen dürftigen Nachrichten und verband sie mit eigenen Wunschvorstellungen. Über tausend (!) junge Frauen sollen hier als eine Art Hirschkühe dem königlichen Haremsbesitzer gedient haben. Wenn man gewissen Schriften glaubt, sollen die Leidenschaften des königlichen Satyrs für seinen malerischen Lustpark die Finanzen seines Reiches zerrüttet haben: Jede der Damen (und wohl auch die standesgemäße Versorgung ihrer Nachkommen) soll gut eine Million Livres gekostet haben …

Die Franzosen selber haben viel Spaß an der ganzen, sicher sehr übertrieben dargestellten Geschichte. Viele sind in Scherz und Ernst überzeugt, daß ihre eigenen Ahnen »Hirschhörner« trugen. Solche Sagen haben zweifellos dazu beigetragen, der französischen Kultur viel Eigenart zu schenken: Viel Stolz, malerische Gesellschaftsformen und königlicher Umgang durchdrangen das ganze Volk. Der Glaube an den Stammbaum »vom königlichen Hirsch her« war noch in unserem Jahrhundert verbreitet. »Vielleicht ist jeder von uns Prinz oder Prinzessin«, sagte man mir in Versailles.

Die Welt der griechisch-römischen Tiersagen wurde gerade damals nach ihren erotischen Seiten durchforscht. Irgendwie hoffte man, ähnlich wie im spätrömischen Reich, hier ein Mittel gegen den Verfall zu finden. In ursprünglichen Kulturen hofften zivilisationsmüde Menschen, die greisenhaft bleiche Perücken trugen, doch noch eine Quelle der Lebensfreude und Verjüngung zu finden.

Was die Nachfahren bewundern – Kunstgeschmack und Lebensstil –, verschmolz damals zu einer Einheit. Iwan Bloch stellte dazu fest: »In den Gärten umarmte der bocksfüßige Pan schlanke weiße Nymphen an künstlichen Wasserfällen.« Selbstverständlich waren in dieser Umgebung auch die Hirschbilder sehr beliebt.

Der starke Minotaurus

Zu den allerliebsten Geschichten der alten Griechen gehörten die vom maßlos wilden und gleichzeitig starken Stiermenschen Minotaurus: Er hauste im Irrgarten des Labyrinths von Kreta. Erst der Held Theseus vermochte ihn zu besiegen.

Die Gattin des Königs Minos soll sich mit einem Stier vergessen haben, den der unberechenbare Meergott Poseidon oder Neptun aus dem Meer emporsteigen ließ. Andere sahen die ganze Angelegenheit viel menschlich-verständlicher: Taurus, der Stier, sei ein schöner und sinnlicher Jüngling gewesen. Er verführte die für seine überdurchschnittlichen Gaben empfängliche Herrscherin. Der Sohn dieses Ehebruchs sei bei den Hirten im Gebirge erzogen worden. Unheimlich hätten sich in der freien Natur seine Körperkräfte entwickelt. Er wurde zu einem schier unüberwindlichen Räuber, der ganze Gegenden der Insel Kreta unbewohnbar werden ließ: Es war darum eine für die Entfaltung der späteren griechischen Kultur entscheidende Tat, ihn endlich zu besiegen.

Den Minotaurus hat man sich ganz verschieden vorgestellt. Einmal, wie wir ihn heute etwa von Picasso und anderen Künstlern kennen, als vollkommen gebauten Mann mit einem aufgesetzten Stierkopf. Dann wieder als eine Art »Rind-Kentaur«, also mit dem unteren Körperteil eines Ochsen und dem vorderen eines Menschen. Machen wir nun einen kühnen Sprung von Kreta, Griechenland und Spanien nach Indien und Tibet, treffen wir auffällig ähnliche Gestalten: Der Stier Nandi, um den es eine Reihe von sehr verschiedenen Sagenkreisen gibt, ist das Reittier des Gottes Shiva.

Dieser gilt nun gleichzeitig als Gott der Zerstörung und der grenzenlosen Zeugungskraft. Es ist offensichtlich, daß auch sein Nandi ein Sinnbild der gleichen Eigenschaften ist. Im übrigen sehen wir ihn gelegentlich in Tempeln und auf volkstümlichen Bildern ganz ähnlich dem griechischen Minotaurus. Wiederum erscheint er hier als ein muskulöser Kraftmensch mit Stierkopf.

Ähnlich gestaltete Geschöpfe erscheinen in den europäischen, oft deutlich vom Orient her beeinflußten Zauberbüchern. Da ist zum Beispiel Moloch, der in der Bibel als ein Gott der morgenländischen Völker auftritt. Auch unter seinen Eigenschaften erkennen wir die Fähigkeit der Zerstörung von allem, was ihm im Wege steht. Daneben scheint er seinen Anhängern Zeugungskraft und Fruchtbarkeit geschenkt zu haben: zumindest, wenn sie ihm reichlich opferten.

Gelehrte Verfasser, die die altjüdischen Überlieferungen zum Wegweiser nahmen, versuchten ein Bild dieses Moloch zu gewinnen: Seine Darstellungen sollen einen Riesen aus Metall gezeigt haben. Bei Festen habe man ihn mit Feuer erhitzt, damit er Wärme ausstrahle. Auch hier besaß er einen Stierkopf und gleichzeitig menschliche Gliedmaßen.

Das Metall des Ungetüms wurde durch Öfen im Innern in Höllenglut versetzt. Mit Hilfe entsprechender Vorrichtungen wurden die mächtigen Arme in Bewegung gesetzt. Mit Hilfe dieser Ur-Maschine konnte man die Opfergaben ergreifen und sozusagen vom Götzen auffressen lassen. Wurde die Wirkung der Dampfkraft also bereits von den orientalischen Priestern genutzt?

Die Verehrung des mächtigen Stiers mag in der Urzeit gewaltige Räume zwischen Ost und West beherrscht haben. Sie stammt zweifellos aus Zeitaltern, als das noch völlig ungezähmte Rind die wohl gefährlichste Beute unserer Vorfahren war. Wer ihn niederstrecken konnte, galt als ein Über-Stier, der die Kraft des Besiegten in sich aufnahm.

Ein Rest dieses Volksglaubens der Urzeit findet sich noch in Spanien: Wird das Tier in den Stierkämpfen besiegt, dann gilt sein Fleisch und Blut als von gewaltiger Feuerkraft durchglüht. Männer und Frauen aus der besten Gesellschaft essen von dem »durch die Leidenschaft erhitzten« Opfer. Sie sind überzeugt, daß dies ihre Adern mit der »Stärke des Stieres« erfüllt.

Es gibt sogar in nördlicheren Ländern zahlreiche Zeitgenossen, die, zumindest in ihren Träumen, die Zuneigung zu dem blutigen Brauch spüren. Ohne mit den Nicht-Eingeweihten darüber zu sprechen, pilgern sie voll innerer Leidenschaft auf die Pyrenäenhalbinsel. Sie sind stolz, mit den Stierkämpfern das Weinglas »auf den Stier« heben zu dürfen. Sie trinken dann ebenfalls das dampfende Blut des erlegten Tieres und sind überzeugt, daß dadurch ihre eigene Lebenskraft ins Unermeßliche steigt. Eine moderne Sage dazu vernahm ich 1981 in Los Angeles: Sogar der bekannte Schriftsteller Ernest Hemingway soll so gehandelt haben.

In den Alpenländern hat man etwa die Kraftmenschen, die meist aus dem Hirtenstand stammenden Ringer, zum Spaß als Söhne von Stieren bezeichnet. Einige waren wegen ihres harten Schädels und ihres Stiernackens gefürchtet: Mit ihrem Kopf konnten sie buchstäblich durch die geschlossene Türe der Gaststube »gehen«.

Die Urner, der Stamm des Freiheitshelden Tell, wollen bekanntlich von den Nomadenvölkern des Ostens, den Skythen und Hunnen, abstammen. In die Schlachten wurden sie geführt durch einen Mann, den man geradezu als »Stier von Uri« bezeichnete. Er trug Rinderhörner auf dem Kopf und blies auch mit einem mächtigen Horn zum Angriff. Seine Kampfmusik soll ebenso sein Volk mit einem rasenden Mut wie die Feinde mit einem unerklärlichen Entsetzen erfüllt haben. Am Rathaus des Gebirgsländchens Schwyz sehen wir das Bild des einst gefeierten Urahnen Suitus oder Schwyt:

Der »Moloch-Stier« bedeutet noch in den Geheimlehren des 18. bis 19. Jahrhunderts die Verkörperung der irdischen Urkraft.

Auch er besitzt zur auffallend breiten und nackten Brust spitze Stierhörner als Kopfschmuck.

In Paris berichtete man mir als einen Ausspruch des spanischen Malers Pablo Picasso: »Nur wer den Minotaurus und den Stierkampf versteht, begreift das Mysterium der Mittelmeerkulturen.« Er soll immer, wenn er etwas entmutigt war, diesem Geheimnis nachgesonnen haben: Dies habe dann jedesmal in seinem Geist und Körper die schöpferische Urkraft erweckt.

Die Schlangenrasse der Nagas

Indien, die erste Urheimat?

Die Sage von den klugen Schlangenmenschen ist überall in der Welt verbreitet: Am zahlreichsten erscheinen sie in den warmen Gebieten von Indien, die für die Vielfalt der Schlangenarten seit jeher berühmt sind.

Naga ist seit dem Altertum der Name für ein solches Schlangenwesen. Bald soll es eine vollkommene Menschengestalt annehmen, bald sich durch »Magie« in ein Kriechtier verwandeln können. Auf Bildwerken werden die Angehörigen des Schlangenvolkes oft als Halbtiere dargestellt, deren schöner Leib nach und nach in einen Schuppenschwanz übergeht. Auf dem Haupt tragen diese Geschöpfe strahlende Goldkronen, auf denen kostbare Edelsteine funkeln.

Durch geheimnisvolle Höhlen kann man in ihre unterirdischen Reiche gelangen, in denen berauschender Überfluß an sämtlichen Reichtümern herrscht. Doch das Schlangenvolk soll nicht nur in jeder Beziehung wohlhabend sein, man schreibt ihm auch ein tiefes Wissen der »vergessenen Künste« und der Naturwissenschaften zu. Kein Geringerer als Buddha Sakjamuni soll mit diesem Tiervolk eine enge Freundschaft gepflegt haben. Gern plauderte er mit ihm über Dinge, von denen wir menschlichen Wesen keine Ahnung besitzen. Vom Größenwahn, den Menschen als »das höchste Wesen des Universums« anzunehmen, blieben die indischen Religionen frei.

Der Schlangenkult gilt als uralt und soll das Erbe von geheimnisvollen Rassen sein, wie sie sich unvermischt nirgends mehr auf der Welt vorfinden. Es gibt aber immer noch Tempel und heilige Höhlen, die diesem Glauben geweiht sind. Gleichzeitig ist er an vielen Orten eine sogenannte »Familienreligion«: In gewissen Häusern wird das Bild einer Schlange oder auch eine lebendige Schlange verehrt. Dadurch sollen die Menschen, die solche Bräuche ausüben, des mächtigen Schutzes durch die Kraft der Nagas teilhaftig werden.

In Assam gibt es Stämme, die man noch heute Nagas nennt und die mit den einstigen »Schlangenfürsten« verwandt sein sollen. In einer Sammlung sah ich Metalldolche, die von diesen »Ur-Indern« stammen. Sie haben tatsächlich die Form einer Welle oder einer sich windenden Schlange. Der Stich der »sich schlängelnden Klinge« soll im Nahkampf besonders sicher und damit mörderisch sein.

Auch große Helden der indischen Dichtung, etwa König Arjuna in den wunderbaren Geschichten des Werks Mahabharata, sollen märchenhaft schöne Schlangen-Prinzessinnen geheiratet haben. Deren Kinder besitzen oft einzigartige Begabungen und sind im Krieg geradezu unbesiegbar. Ihr Volk hütet den Lebenstrank, der Soma heißt: Sogar Leichen können mit ihm auferweckt werden.

Über Naga-Künste finden sich nicht nur in den dichterischen Werken der Inder mannigfaltige Anspielungen. Sie drangen sogar in die Naturwissenschaften und namentlich in die urtümliche Heilkunst Asiens ein. Allgemein glaubte man einst an die vielgenannten »Schlangenmädchen«: Dank ihrer unschuldigen Lieblichkeit sah ihnen kein Mensch an, daß sie selber eine gefährliche Waffe waren.

Schon kurz nach der Geburt soll man ihnen kleine unschädliche Mengen von Schlangengiften eingeflößt haben. Diese wurden dann jahrelang Tropfen um Tropfen gesteigert, kaum daß sich ihr Leib an die zuerst schwache »Arznei« gewöhnt hatte. Wenn sie dann erwachsen wurden, war ihr Körper nicht nur schön, er war auch bis in jede Zelle vom starken Gift durchsetzt.

Angeblich sollen Herrscher, die Tag und Nacht streng bewacht wurden, von ihren Feinden durch solch menschliche Schlangen ermordet worden sein: Die Mädchen wurden den Königen, die man beseitigen wollte, als Geliebte zugeführt. Doch schon ihr Kuß genügte, den Unglücklichen mit ihrem Gift in Berührung zu bringen. Nach einer bestimmten Zeit, die angeblich die altindischen Ärzte auf die genaue Stunde berechnen konnten, lag dann der Herrscher als bleiche Leiche auf dem Teppich.

Besitzen wir in diesen zahlreichen Berichten wiederum ein Gegenstück zu den europäischen Hexensagen? Auch von unseren Frauen wurde schließlich recht häufig behauptet, daß sie sich in Schlangen zu verwandeln und »durch ihre bloße Berührung« zu vergiften vermochten! Vielleicht war also die Sage um die Schlangenmädchen schon in Asien dazu da, gewisse Stämme und ihre Bräuche voll Haß zu verleumden.

Ein alter georgischer Dichter, den ich als Flüchtling 1956 in Genf kennenlernte, sah hier aber sogar ein orientalisches Sinnbild der echten und großen Liebe: »Wahrscheinlich ist die ganze Sage über Indien und Persien in den Kaukasus gekommen. Ein Schlangenmädchen tötet durch seine Umarmung jeden Mann. Nur den kann sie glücklich lieben, der das übereinstimmende Gift in sich trägt. Die Weisen wollten damit wohl sagen, daß wir nur mit jenem Menschen wirklich ganz unbeschadet leben können, der schon seit der Geburt für uns bestimmt ist.«

Einer aus dem Fahrenden Volk versicherte gegenüber meinem Freund, dem Schauspieler Alfred Rasser: Sogar die Schlangenmenschen der Schausteller kämen »aus den Schlangenländern Indien und Ägypten«. Weil ihre fernen Ahnen die Bewegungskünste ihrer Tiere beobachteten und bewunderten, hätten auch sie nach und nach die gleichen Fähigkeiten entwickelt: Das rasche Krümmen der Wirbelsäule sei für solche Menschen nicht nur völlig unschädlich – es schenke ihnen sogar höchsten Lebensgenuß.

Ich glaube, dies ist nicht nur eine neuzeitliche Phantasie. Bekanntlich spielt beim Yoga das Biegen und Strecken des

Rückgrats eine bedeutende Rolle: Auch dies soll aus Urzeiten stammen, »da man noch die Schlangengötter ehrte«.

Frau Melusine und ihre Ritterschaft

Die Ritterkultur des Mittelalters ist ebenfalls sehr stark vom festen Glauben an ein Schlangenvolk geprägt. Es ist kaum zu bezweifeln, daß dies auf den Einfluß von Stämmen zurückgeht, die an ähnliche Wesen wie die indischen Nagas glaubten.

Ich folge hier nur kurz der Darstellung des bernischen Dichters Thüring von Ringoltingen über die schöne Dame Melusine. Im 15. Jahrhundert vernahm er die Überlieferung in Frankreich und schenkte sie in seinem Werk dem deutschen Sprachraum. Es gewann hier bis in die Kunst der Romantik einen bedeutenden Einfluß. Auch der Arzt und Philosoph Paracelsus sah in ihr eine geschichtliche und naturwissenschaftliche Wahrheit.

Der unglückliche Herr von Luisignan trifft die Jungfrau Melusine an einem »kühlen Brunnen«. Auf den ersten Blick erkennt er voller Bewunderung ihre »hochgeborene und adelige Gestalt«. Die Dame erklärt ihm auch ohne viel Umwege: »Wenn du meiner Lehre willst folgen und nachkommen, so soll dir Gut, Ehre, Glück und Geld nimmermehr fehlen – sondern du sollst glückhafter, mächtiger und reicher werden wie keiner deiner Freunde.«

Diese Melusine ist übrigens kein einsames Wunderwesen. Schon bald veranstaltet sie eine Begegnung des Liebsten mit ihrem etwas geheimnisvollen »Volk«: »Da sahen sie unter den Felsen in den Bäumen, auf dem grünen Boden, gar viele schöne Zelte aufgerichtet … und auch allenthalben im Walde gar großen Rauch aufgehen, und viel Volk daherwandeln …« Selbstverständlich besteht bei den Einheimischen gegenüber diesen Einwanderern und ihren Lagerfeuern ein gewisses und eigentlich verständliches Mißtrauen: »Sie gedachten alle, dies mag wohl eine Gespensterercheinung sein.«

Doch ob Geschöpfe der Geisterwelten oder auch nicht, der Ritter und seine Melusine werden Mann und Frau. Sie lieben sich rührend, erleben viel Glück zusammen und werden mit gesunden Kindern gesegnet. Ihre Nachkommen heiraten in die wichtigsten Familien des mittelalterlichen Westeuropa ein. Jeder rühmte sich, den Herrn von Luisignan und seine Fee im Stammbaum zu haben; verschiedene Chroniken und Dichtungen bezeugen uns die erstaunliche Ausdehnung der Melusinen-Rasse durch Jahrhunderte.

Doch die Ehe selber fand leider einen zweifelhaften Abschluß: Die Frau aus dem offenbar eingewanderten Waldvolk hatte ihrem Gemahl eine Bedingung gestellt. Er mußte, so lautete diese, sie einmal in jeder Woche allein lassen. Der Ritter wurde mißtrauisch und schlich der Gattin bis zu einem geheimnisvollen Höhlenraum nach. Das gebrochene Versprechen zerstörte die Ehe. Die schöne Melusine verließ ihn auf der Stelle.

Was genau in dem Gemach der Verwandlungen geschah, darüber gibt es in den zahlreichen Sagen abweichende Darstellungen. Eins wird uns regelmäßig versichert: Die Melusine mußte, um immer schön und glückbringend zu bleiben, von Zeit zu Zeit die Gestalt einer Schlange annehmen. Ganz ähnlich ihren Schwestern in den indischen Sagen erwies sie sich damit als eine echte Naga-Prinzessin.

Ähnliche Geschichten sind auch sonst in den europäischen Sagen besonders häufig. Ein altes Volkslied aus dem Gebiet der nördlichen Voralpen, das man noch immer liebt, berichtet vom Ritter Tannhuser oder Tannhäuser. Er ging in einen Berg hinein, wo er »schöne Jungfrauen« traf. In ihrem Kreis genoß er das Leben, doch begann er mit der Zeit an ihnen zu zweifeln. Das Lied singt darum von den Mädchen in der Höhle: »Die sind die ganze Woche gar schön / Mit Gold und Silber behangen, / Haben Halsgeschmeid und Maien-Kron': / Am Sonntag sind's Ottern und Schlangen.«

Den Ritter und Dichter Tannhäuser hat es im 13. Jahrhundert tatsächlich gegeben. Richard Wagner vertonte seine Abenteuer. Daß um ihn so viele Sagen gesponnen wurden, geht aber wohl auf den Wohlklang seines Geschlechtsnamens zurück. Das Volk sah in ihm einen Mann, der in den Tann, also in den Wald geht: Dort will er die ewigen Wunder erkennen.

Der Berg, in dem er seine Schlangenmädchen antraf, soll im St. Galler Oberland liegen. Er war schon in der vorgeschichtlichen Zeit heilig und im Mittelalter die Gerichtsstätte des Landesherrn. Bis in die Gegenwart befanden sich in seinem Umkreis Treffpunkte und eine Lagerstätte der einheimischen Nomaden: Über diese Stämme sind wahrscheinlich immer wieder die noch lange lebendigen magischen Geschichten und Lieder zu uns gedrungen.

Dieser Berg, besser Hügel, heißt im übrigen »Tiergarten«. Wie man mir einmal erzählte, sollen in seiner Tiefe »in einem funkelnden Gemach« noch immer Geschmeide und Krönlein ruhen. Sie warten auf den Mutigen, der den goldenen Schlüssel für die Zaubergänge der Erde zu finden vermag.

Die Erd-Kraft und ihre Hüterinnen

Sehr eigenartig werden gerade in den slawischen Märchen die Sagen um die schönen Schlangenmädchen mit denen um die Drachen vermischt: Der Held, der fähig ist, das Ungetüm zu besiegen, erhält die Hand der schönen Schlangenprinzessin.

Der Kunstmaler und Erforscher von asiatischen und slawischen Sagen, Nikolai Roerich, malte dazu sein bekanntes Bild »Die Tochter der Schlange« (1906): Der Ritter und sein Heldenroß führen darauf einen verzweifelten Nahkampf mit dem riesigen Schlangendämon.

Von seinem Schuppenschwanz mit einem schützenden Ring umgeben, steht, mit einer Goldkrone auf dem schönen Haupt, die Jungfrau: Sie ist nackt, nur von ihrem fließenden Goldhaar umhüllt. Auch in unseren Volkslegenden muß der Ritter stets den Drachen besiegen, wenn er »die Prinzessin« gewinnen will.

Doch hier bei Roerich finden wir einen wichtigen Unterschied, der auf tiefe Wurzeln der ganzen Überlieferung zurückgreift. Das Mädchen ist nicht etwa vom Drachen aus einem Königsschloß entführt worden, wie es in den meisten Sagen heißt, sie ist offensichtlich die Tochter des Ungetüms.

Roerich hat sich sehr mit den indisch-tibetanischen Überlieferungen beschäftigt, in denen er die Schlüssel zu den meisten Märchen von Osteuropa zu finden versuchte. Wie auch in den Märchen um die Waldhexe Baba-Jaga und ihre Tochter erscheinen hier die Drachenschlange und das Schlangenmädchen als zwei Seiten der gleichen Kraft.

Die »wilde« Schlangenfrau und der Drache sind die Bilder für die Urkraft der Natur, die eigentlich nichts auf der Welt aufzuhalten vermag. Wenn sie entfesselt ist, tobt die unbarmherzige Zerstörung. Die gewaltigen Stürme toben. Die mächtigsten Bäume gehen wie die stolzen Bauwerke der Menschen in Flammen auf. Gegen diese Energien gibt es in den Märchen eigentlich nur *ein* Gegenmittel. Der Held gewinnt es, wenn er die Schlangentochter liebt: Sie beherrscht die gleiche Energie, verwendet sie aber sanft, im Dienst ihres Geliebten und der übrigen Geschöpfe.

Das uralte, bis in den modernen Volksglauben fortwirkende Wissen um diese »Schlangenkraft« versuchte Monnier, der Volkskundler von Burgund und Jura, nachzuweisen. Er erinnerte nicht nur an die reichlich erhaltenen Legenden, sondern verwies auch auf eine Reihe von alten Darstellungen, wie sie sich im Raum westlich der Alpen und in angrenzenden Landschaften Frankreichs finden.

Das Wissen dieses vergessenen Gelehrten war erstaunlich: Er stellte fest, daß die Inder eine Schlangenkraft (kundalini) kennen, die durch alle Geschöpfe strömt und ihnen die Lebensenergie schenkt. Dies erkennen wir auch an den erwähnten mystischen Bildern, in denen häufig eine Frau in Verbindung mit einer sich in die Höhe windenden Schlange dargestellt wird. Der Forscher Monnier neigte sogar zu der Annahme, die Verehrung der Schlangenkraft sei durch Einwanderer von Indien her in seine auf ihre Überlieferung stolze Heimat gekommen.

Die Sagen um die Schlange, die uns alle Schätze verschaffen kann, ist im Alpenraum außerordentlich häufig. Sie haust in der einsamen Wildnis oder auch in malerischen Schloßruinen. Auf dem Haupt trägt sie ein Goldkrönchen, manchmal auch einen funkelnden Edelstein auf der Stirne. Wer dieses Kleinod zu gewinnen vermag, der schreitet fortan in seinem Dasein von Sieg zu Sieg.

Die Schlange dieser Volksmärchen ist weiß-glänzend oder schillert in den reinen Farben des Regenbogens. Es ist für den Helden beinahe unmöglich, ihr Goldkrönlein oder auch den Schlangenstein auf ihrer Stirne zu gewinnen: Verweist er auf das »Schlangen-Ei« des Magiers Merlin und der keltischen Druiden, das ihnen einst alle Möglichkeiten eröffnet haben soll?

Unter den Schatzgräbern soll, wie ich es von einheimischen Fahrenden vernahm, folgende Anleitung bestehen: Du spürst »mit Haut und Haaren« an einem Platz in den Waldbergen, daß dort im Boden ein Goldhort ruht. Wenn du dich nun »in der richtigen Stunde« der Nacht zum gleichen Platz begibst, liegt dort eine schrecklich aufleuchtende Riesenschlange. Jetzt bleibt dir nur eins zu tun: Du mußt sie »ohne jede Furcht« küssen, gelegentlich heißt es »dreifach«.

Gelingt es dir, dann folgt ein Donnerkrachen. Die Schlange verwandelt sich »blitzartig« in eine wunderschöne Jungfrau, vielleicht eine verwunschene Königstochter aus grauen Urzeiten. Sie ist nun durch dich »erlöst« und schenkt dir die Schlüssel zu ihren unterirdischen Gewölben. In ihnen findest du alles, was dein Herz begehrt, Schätze der Könige aus ferner Vergangenheit, Kristalle und Edelsteine »von sämtlichen Farben«, wie sie in der Erdtiefe wachsen; Zauberbücher »noch aus den Tagen des weisen Königs Salomo«, in denen alle Naturgeheimnisse ausführlich und verständlich erklärt sind.

Der Burgunder Monnier war nach meiner Auffassung auf

der richtigen Spur. Es ist hier hinter der Bildersprache der einheimischen Symbole das gleiche zu erkennen, was uns die esoterischen Wissenschaften aus Indien versichern. Danach ruht tief in unserem Unterleib die Kundalini-Schlangenkraft. Können wir sie erwecken, strömt sie in Schlangenwindungen nach oben, alle unsere Körperteile gleichermaßen belebend. Erreicht sie unser Oberhaupt, wird durch diese Steigerung der Lebenskraft das schlafende »Dritte Auge« lebendig.

Es glüht nun »wie ein funkelnder Edelstein« auf. Mit ihm glauben die indischen Seher, in alle göttlichen Rätsel der Natur Einblick zu erhalten. Sie malten es darum gern auf die Stirn ihrer Helden und sogar auf die ihrer Märchentiere.

In der Höhle der Baba-Jaga

In den ostslawischen Sagen, die bis heute lebendig sind, kommt häufig eine fast allmächtige Waldfrau »Baba-Jaga« vor. Der erste Teil ihres Namens bedeutet »Weib«, wird aber oft für eine alte Frau, Großmutter oder Hebamme verwendet. Am Sinn von »Jaga« haben die Sprachforscher lange herumgerätselt. Einige vermuteten, der Ausdruck bedeute »Feuer«: Agni bei den Indern, Jag bei den europäischen Zigeunerstämmen, ogon bei den Slawen, ignis im Lateinischen.

Meine Großmutter, der ich die alten Märchen verdanke, nannte Baba-Jaga die Schlangenfrau, die »Schlangen-Kaiserin« (Zmeja-Zaritza). Dies würde selbstverständlich sehr gut mit einer anderen Ableitung von Jaga übereinstimmen: Der Forscher Krek sah auch hier eine alte Bezeichnung für Schlange! Er verwies darauf, daß dieses Tier litauisch und preußisch noch angis heißt: Die Waldfrau wäre demnach wörtlich wiederum die Schlangenfrau.

Wenn im Dorfe der Menschen das Feuer erlischt, muß etwa die Märchenheldin in die Wildnis zu Baba-Jaga gehen, um für die Herde eine »neue Flamme« zu holen. Sie muß selbstverständlich sehr schwere Prüfungen bestehen, um diese Gabe zu erhalten. Sie tut es auch, besiegt alle übermenschlichen Schwierigkeiten – und kommt zum guten Ende zu ihrem Lebensglück.

Im übrigen besitzt die Waldfrau Baba-Jaga in den Märchen eine Reihe von wahrhaftig wunderschönen Töchtern. Sie sind ebenfalls Trägerinnen der Gabe, mit den Tieren über ihre Geheimnisse zu reden. Gelegentlich nannten die Märchenerzählerinnen diese jungen Frauen ausdrücklich »Russalken«, als Nymphen, »Wassermädchen« des Waldes und dessen Quellen.

Ein solches Mädchen zur Gattin zu erhalten gilt im übrigen in den alten Geschichten als höchstes Glück auf Erden. Nicht nur kann sie durch ihre ererbte und erlernte Magie den Helden aus der Wildnis und aus anderen Gefahren befreien. Dank ihrer als »maßlos« geschilderten Liebe gibt es so ziemlich kein Glück, das von nun an nicht auf ihren Freund herniederregnet. Er wird schön, reich, angesehen und erwirbt manchmal die Fürstenkrone. Die Kinder der beiden sind der Anfang einer wunderbaren Sippe, die wegen ihren hohen Begabungen alle Völker verwundert.

Musäus, der Sammler von mittelalterlichen Märchen, erzählt eine sehr malerische Geschichte über die Bewohner der geheimnisvollen Waldwohnungen. Die drei Knappen des Helden Roland kommen im einsamen Pyrenäengebirge zum Eingang einer Felshöhle, vor der ein Kochtopf über dem Feuer einen Menschen verrät. Sie vermuten »einen gastfreien Einsiedler«, doch sie treffen auf eine uralte und zaubermächtige Hexe.

Obwohl die Dame bei Musäus in den Pyrenäen haust, gleicht sie der slawischen Baba-Jaga wie ein Ei dem anderen. Auch sie steht den magischen Reptilien nahe. Sie besitzt als wichtiges äußeres Merkmal »neun Reihen Schlangenaugen, die sie wie Perlenschnüre um den Hals trägt«. Dieser Schmuck verleiht seinem Besitzer, wie es ausdrücklich heißt, die Eigenschaft, »Herrengunst und Frauenliebe zu erwekken«. Im übrigen hat auch sie die Fähigkeit, die man früher überall den Schlangen zuschrieb, sich durch Hautwechsel dauernd zu erneuern. Verbringt die Gebirgshexe mit einem menschlichen Gast eine Liebesnacht, wird sie dadurch jedesmal »um dreißig Jahr verjüngt«.

Die Pyrenäen-Hexe haust also hier mit ihrem Gesellen, einem Kater mit offensichtlich magischen Eigenschaften: »Seine Augen funkelten so hell wie die Augen der Lieblingskatze des Petrarca, deren Schimmer dem Dichter als Lampe diente, ein unsterblich Lied an seine Laura niederzuschreiben.«

Den drei in den Waldbergen verirrten Knappen wird von der Hexe eine erste schwere Aufgabe gestellt: »Haschet meinen Kater ein, ihr Wichte«, rief sie vom Innern ihrer Höhle, »oder lasset euch nicht einfallen, meine Schwelle zu betreten.« Mit viel Mühe gelingt es den Jünglingen durch ihre »Verschmitztheit«, das halbwilde Tier einzufangen. Einer von ihnen verstand sich nämlich darauf, »die Minnesprache des Katzengeschlechts natürlich zu miaulen«. Der sonst sehr listige Kater fällt darauf herein. Er wird eingefangen und seiner Herrin gebracht.

Die Hexe verleiht ihnen in der Folge drei Gaben, die dann in jeder Beziehung ihr weiteres Schicksal bestimmen. Sie besitzt im übrigen ein Lebensalter, das mehrfach das eines gewöhnlichen Menschen übertrifft: »Sie war die letzte Sprosse aus dem Stamm der Druiden, besaß die ganze Verlassenschaft (Hinterlassenschaft) aller Geheimnisse und Künste der aussterbenden Sippschaft ... Alle Kräfte der Natur waren ihr untertan. Sie kannte die Wirkung der Wurzeln und Kräuter so gut wie die Influenzen (Einflüsse) der Gestirne. Sie wußte köstliche Tinkturen zu bereiten. Auch verfertigte sie eine bewährte Wunderessenz ... In der Magie war sie Meisterin, und die geheimnisvolle Mistel der Druiden verwandelte sich in ihrer Hand in den Zauberstab der Circe ...«

Musäus hat sicher recht getan. Er nennt die altgriechische Magierin, die bei Homer vorkommt, mit vorgeschichtlichen Druiden und einer Hexe aus der Zeit von Kaiser Karl dem Großen im gleichen Atemzuge! Sie hausten schließlich alle im Umkreis einer ursprünglichen Umwelt. Sie verstanden nach den Volkssagen die Kunst, sich selber in Tiere zu verwandeln – und diese Geheimwissenschaft ihren kühnen Gästen zu vermitteln.

Tiere sind ihre Freunde und Mitarbeiter. Am meisten werden in unseren Sagen als ihre treuen Wohngenossen genannt: Katzen, Raben, Eulen, Fledermäuse, Schlangen – aber noch viele andere. Die weisen Frauen gehen auf diese Tiere ein, sprechen mit ihnen wie mit Menschen, sie kennen offensichtlich ihre Sprachen. Die Tiere verraten ihnen alle Geheimnisse der Nacht und des Walddickichts.

In den recht verschiedenen Religionen Indiens gilt das Schlangenvolk der Nagas vor allem als zuverlässiger Beschützer der unberührten Natur und ihrer Geschöpfe. Ganz besonders ist es um die Erhaltung der Quellen und des frischen Wassers besorgt: Unsere abendländischen Sagen um Schlangen und Schlangenmenschen stimmen damit überein.

Unsere materialistische Zivilisation hat gerade in jenen Bereichen gesündigt, die für dieses Tiervolk wichtig sind. Aus diesem Grund erlebt heute die »Verehrung der Nagas« unter den zahlreichen Buddhisten der einstigen Sowjetunion eine deutliche Wiedergeburt: Man hat diese Religion lange (1917–1990) mit ausgesuchter Grausamkeit unterdrückt. Sie blüht heute wieder auf, gerade weil sie die Tiere und Naturgeister als Freunde und Geschwister des Menschen ansieht.

Die Herrschenden aus den Tiefen

Wahrsager Proteus: Hirt der Robbenherden

Das alte Griechenland betrachtete sich als Mittelpunkt der Erde. Sie glaubten, von hier aus den guten Überblick zu haben: Viele Geschöpfe aus Europa, Asien und Afrika scheinen der antiken Kultur seit jeher gleichermaßen bekannt gewesen zu sein.

Die Seehunde, Robben, Phoken und Seekälber bringt unsere Vorstellung meistens mit nordischen Meeren in Verbindung. Sie wurden aber von den Menschen des Altertums in ihrer unmittelbaren Nachbarschaft beobachtet: Ihre Bewegungen im Wasser und an den Ufern, ihr Spielen erregte die Phantasie und wirkte auf die Beobachter der Antike.

Der Hirt und Hüter dieser Wesen ist der Meergott Proteus, der mit unglaublicher Geschwindigkeit seine äußere Gestalt verändern kann. Bei Homer und anderen Dichtern entsteigt er am heißen Mittag dem Wasser und schläft in den Schatten, die ihm das gastliche Land schenkt. Um ihn im Kreise ruhen seine treuen Robben. Sie sind, wie er, Geschöpfe, die für ihr Gedeihen gleichermaßen Wasser, Erde und Luft brauchen.

Die Beweglichkeit und Verwandlungsfähigkeit des Robbengottes Proteus erzeugte die allgemeine Überzeugung: Kein Wesen unserer Welt vermochte so deutlich die Ereignisse der Zukunft vorauszuschauen wie er. Um ihm zu nahen und von ihm seine Weisheiten zu vernehmen, wandten die griechischen Krieger eine List an, wie sie auch die sibirischen Jäger kennen: Die Helden des Trojanischen Krieges, Menelaos und seine Gefährten, bedeckten sich mit den Häuten von erbeuteten Meerkälbern. Sie mischten sich unter die ruhende Herde und näherten sich so dem weisen und vorsichtigen Proteus. So konnten sie ihn zwingen, ihnen die Wahrheit über die Zukunft der Griechen zu enthüllen. Wiederum müssen wir hier an die Naturmagie der Polarvölker denken: Wie man weiß, hüllen sich deren Schamanen und Schamaninnen in die Felle ihrer Lieblingstiere. Sie ahmen diese auch in allen Bewegungen nach.

So wollen die Jägerstämme des hohen Nordens mit den Kräften ihrer Umwelt in Verbindung treten. Was diese Wesen mit ihren wachen Sinnen empfinden, wollen sie so auskundschaften und erkennen: den drohenden Sturm, das Herannahen der tierischen Beute oder gar das Anschleichen eines feindlichen Kriegers.

Die Deuter der griechischen Mythen wiesen bereits darauf hin, daß das Treiben der Robben auf den Beobachter eine magische Wirkung ausübt. Die Wassergeschöpfe liegen meist am Ufer, weil sie sich gern besonnen lassen. Wahrscheinlich brauchen sie die Wärme, um sich lange in den kalten Meerestiefen aufhalten zu können. Wenn sie etwas Ungewöhnliches an Land bemerken, tauchen sie sehr rasch in die kalten Wasser. Hier fühlen sie sich erst völlig sicher: Ihr Erscheinen und Verschwinden kann sich dabei so schnell vollziehen, daß das menschliche Auge ihnen nicht ganz zu folgen vermag. Leicht glaubt man dabei die eigenartigsten Gestalten zu schauen. Augentäuschungen waren bei der unsicheren Sicht häufig. Die Vorstellung eines Meerhirten Proteus, der sich dauernd verwandelt, war also sehr naheliegend.

Die Märchen der Uferbewohner über die Robben finden sich noch in den naturwissenschaftlichen Büchern des Altertums: Nach Plinius soll das Fell des Tieres, sogar wenn es von dessen Körper abgezogen wurde, mit dem Meer in magischer Verbindung stehen. Jedesmal wenn die Zeit der Ebbe naht, also das Wasser vom Ufer zurückströmt, sollen sich demnach die Haare an der Robbenhaut sträuben. Mit anderen Worten: Wenn man auf dem Robbenfell schlief, konnte man sich in unmittelbarer Verbindung mit dem Leben im Wasser fühlen.

Der gleiche Naturforscher versichert, daß sich gewisse Leute zu seiner Zeit sogar Zelte aus Seehundfell herstellten. Sie waren fest überzeugt, daß noch nie eine Robbe vom Blitz getroffen worden sei. Sie eilten also, wenn sich die Gewitter zusammenballten, in ihre Behausungen aus der Wunderhaut. Hier glaubten sie sich vor jeder Gefahr geschützt. Sie fühlten sich an Land im sicheren Reich der Meeresgötter.

In Übereinstimmung damit versichert uns der römische Geschichtsschreiber Suetonius: Auch der Kaiser Octavianus Augustus wurde von Blitz und Donner geängstigt. Er war aber ebenfalls überzeugt, daß der zuverlässigste Schutz gegen diese Naturgefahren das Seehundfell sei. Also trug er immer ein solches bei sich. Die Überzeugung von den einzigartigen Eigenschaften des Tieres durchdrang also das ganze griechisch-lateinische Altertum. Sein Dasein im Grenzgebiet zwischen den Elementen erschien den Alten beneidenswert.

Lucian hat versichert, der Robbenhirt Proteus sei die Erinnerung an einen bedeutenden Gaukler oder pantomimischen Tänzer. Auch in diesem Hinweis haben wir die Erinnerung an die Tiertänze, die wir schon in den steinzeitlichen Höhlenbildern finden. Sie leben in den Spielen der Schamanen, die sich Felle anziehen und Tierbewegungen nachahmen. Die alten Jagdvölker glaubten, so mit den dargestellten Tierarten in Verbindung zu treten. Sie hofften dadurch diese »Geschwister des Menschen« besser zu begreifen und so an deren Energie teilhaftig zu werden. Es ist tatsächlich einleuchtend, daß wir hier am Ursprung vieler Künste stehen: Aus der aufmerksamen Beobachtung und der Nachahmung der verschiedenen Tierarten begreifen wir vieles am Treiben der Pantomimen und Theater-Tänzer.

Märchen um Froschkönige

In unseren Sagen und Märchen kommt sehr häufig der Nöck vor, der Nixenmann, der im tiefen Wasser haust und eher selten an der Oberfläche auftaucht: Im Mondschein sitzt er am Ufer und spielt verführerische Weisen. Er soll früher die Menschenfrauen zu sich gelockt haben, als wäre er ein echter Wasser-Satyr.

Er ist heute in großen Teilen Europas fast vergessen. Nur die Bilder in Märchenbüchern verraten, daß ihn unsere Kinder noch uneingeschränkt lieben. Seine Haut wirkt auf solchen Darstellungen froschartig feucht und glatt. Sein Kopf ist rundlich, seine Augen springen vor, die Nase ist platt. Selbstverständlich wachsen ihm zwischen seinen Fingern und Zehen nützliche Schwimmhäute. Wenn er auf seltsamen Musikinstrumenten seine Weisen erschallen läßt, sollen die Frösche im Umkreis voller Bewunderung schweigen. Von Zigeunermusikern, die viel konnten, sagte man etwa zum Spaß: »Das haben sie vom Wassermann gelernt.«

Warum wir dem Nöck in unseren Sagen so selten begegnen, habe ich ebenfalls bereits als Kind gelernt. Als ich kaum richtig sprechen konnte, nahm mich meine Großmutter zum Märchenerzählen stets an den »richtigen Ort« mit: Gab es Geschichten um die Waldhexe, schlüpften wir in das leise rauschende Baumdickicht. Ging es um Vögel, wanderten wir auf die nahe Anhöhe, wo man deutlich die Windströme fühlte.

Aber mit den Geschichten um die Lurchleute hatte sie es schwer. Enttäuscht wandte sie sich vom Flußufer ab, und sogar eine eingedämmte Sumpflandschaft am Aarestrom schien ihr nicht zu genügen. Sie wußte genau, wie man sich »denen, die die Wasserkraft besitzen«, naht. »Es muß unter den Füßen eine Erde sein, in der die Grenze zwischen festem Boden und der Tiefe undeutlich ist. Alles ist da unsicher, und eine einfache Pfütze ist vielleicht das Tor zu einem weiten Höhlenreich der unterirdischen Gewässer.«

Jede Veränderung der Landschaft verwandelt die Vorstellungswelt ihrer Bewohner. Das folgerichtige Regulieren der Flüsse, das Aufschütten mühsam ausgetrockneter Meerlandschaften zu Nutzungsland hatte stets Folgen: Dies war gleichzeitig das Zurückdrängen der Vorstellungen, die das Volk mit den Wesen der Sumpfländer verband. Ein künstlich gestauter See bleibt auch für Träumer und Dichter meist stumm und tot: »Es ist keine Musik in ihm«, sagt etwa das Volk.

Im übrigen erscheinen die »menschenähnlichen« Geschöpfe der Teiche und Sümpfe meistens grün. Man weiß nicht recht: Ist dies ihre Hautfarbe, die ihre nahe Verwandtschaft zum Froschgeschlecht verrät? Stammt der grüne Eindruck von den winzigen Algenpflanzen, die alte Tümpel beleben und an den Bewohnern kleben bleiben?

Im Ernst oder Spaß berichtete man früher im sumpfigen Seeland westlich des Ortes Ins (Anet): Wenn man ausgesprochenes Pech beim Fischen hat, ist es, »weil der Wassermann stört«. Er findet wahrscheinlich, es sei gerade Festzeit für seine Herde – der Mensch müsse diese auch einhalten. Seltsamerweise erzählt man selten von weiblichen Gefährtinnen des Nöck, die ein vergleichbares Aussehen haben. Erscheinen neben ihm, der meist als Einsiedler lebt, Frauen, dann sind sie ausgesprochen hübsch im menschlichen Sinn: Sie haben in ihrem Aussehen kaum etwas vom Frosch und sind auch im Sinne »der Nachkommen von Adam und Eva« sehr verlokkend. Eigentlich gehören sie eher in die Kapitel über die Nymphen, Najaden und Nereiden.

Geschichten um Froschmenschen finden heute, nach Eingeborenen-Sagen wie Abenteuerfilmen, höchstens in den letzten fast endlosen Sumpflandschaften statt: Ich erinnere hier vor allem an die wilden Ufer der breiten Ströme von Brasilien. Reisende, die auf Indianerbooten oder Motorschiffen den Amazonas hinauf vorstießen, sollen gelegentlich in der Dämmerung schwimmende Leiber geschaut haben: Sie erinnerten eher an Lurche als an »menschliche Menschen« …

Gelegentlich wurde die Meinung vertreten, die Bewohner

der Tropenwälder hätten allerlei gruselerregende Wesen ersonnen, um habgierige Fremde abzuschrecken. Leider macht die heutige Ausbeutung für wirtschaftliche Interessen vor keinen Sagen oder Bräuchen halt. Mit Flammenwerfern werden die von heißen Nebeldämpfen erfüllten Uferdschungel zerstört. Der Schlamm trocknet, und damit verschwindet wieder eine Landschaft, die eher eine Traumwelt zu sein scheint als eine neuzeitliche Wirklichkeit.

Doch der »Froschkönig« des Märchens kann noch vor unseren inneren Augen auftauchen, wenn der Mond über die Nacht herrscht. Dr. P. Landry aus München erklärte schon in den zwanziger Jahren viele unserer Traumerlebnisse aus Eindrücken, die wir von den Ahnen bewahrten: Die Vorfahren des Menschen hätten eben vor Jahrmillionen als Lurche gelebt. Der Biologe Dr. Max Oettli faßt solche Ideen zusammen: »Das ruhige, niemals rasche Fliegen im Traum sei eine Erinnerung an das ehemalige Schwimmen im Wasser.« Landry versichert, daß das »Fliegen« in der Vorstellung der Schläfer gar nicht das eines Vogels sei. »Man schwömme mit den Beinen durch die Luft wie ein Frosch durchs Wasser.«

Für Landry gehört zu unseren Erinnerungen an die Lurche, daß wir im Traum oft nicht mehr zu schreien vermögen: Den Urgeschöpfen – die zwischen den Elementen wechselten – soll es einen verständlichen Eindruck gemacht haben, wenn sie unter Wasser ihre Laute nicht wie an der Luft ausstoßen konnten: Dies war für sie ein Alpdruck, der noch immer in unserem Unterbewußtsein fortlebt und gelegentlich in unseren Träumen auftaucht.

Der erwähnte Oettli widerspricht dem. Die Menschen, die er kenne, hätten eher Vogelträume. Auch hier erkennen wir: Wenn ein Mensch in sein Traumreich geht, reist er dabei durch ganz eigene Welten. Es sind nur selten die gleichen Tiere und Märchenwesen, die jedem von uns in den Traumwelten begegnen: Der eine erlebt sich eher als Wassergeschöpf, der andere schwebt durch die Lüfte ...

Den Fischerstämmen, die an den unsicheren, dauernd

überschwemmten Ufern der breiten Flüsse lebten, war es aber sicher ein innerer Wunsch: Im Wasser und auf dem Boden sich gleichermaßen sicher bewegen zu können – das mußte wunderbar sein! Eine Haut zu besitzen, die jeder Giftmücke widerstand, das erschien ihnen geradezu paradiesisch.

Von solchen Bewohnern der Fluß- und Seelandschaften haben wir sicher die Vorstellung des Froschkönigs der einheimischen Fischwelt geerbt: Es gibt Menschen, die sein Aussehen in ihren Träumen, trotz Glotzaugen und Lurchkopf, ausgesprochen niedlich und sogar glückbringend empfinden.

Lovecraft, Cthulhu und die »Großen Alten«

Der amerikanische Schriftsteller Howard Philipps Lovecraft (1890–1937) gilt als Begründer der modernen Horrordichtungen und entsprechender Filme: Wenn wir seine gesammelten Schriften studieren, entdecken wir, daß er selber deren Inhalt gar nicht als reine Phantasie ansah.

Der Dichter und Erforscher seltsamer Schriften hat später versichert: »Mit sechs oder sieben wurde ich beständig von immer wiederkehrenden Alpträumen eigentümlicher Art geplagt.« In seinen Nachtgesichten begegnete er den Wesen einer eigentümlichen »Rasse«. Deren Angehörige besaßen »Hörner, Schuppenschwänze und Fledermausflügel«. Sie pflegten die Seele des Kindes »endlose Meilen weit über die Türme toter und furchtbarer Städte durch die schwarze Luft zu tragen«.

Solche Traumwelten sind noch heute zahllosen Kindern wohlbekannt. Viele von ihnen fürchten sich davor, andere haben Spaß daran. Diese Angst war vor noch nicht sehr langer Zeit wohlbegründet: Vom 15. bis zum 18. Jahrhundert galten solche »Seelenreisen«, wenn man sie weitererzählte, als Beweise des Bundes eines Menschen mit wilden Tiergöttern: Zahlreiche unserer Vorfahren kamen aus keinem anderen Grund in Folterkammern und auf Scheiterhaufen …

Das Einzigartige an Lovecraft war, daß er in späteren Schul- und Studienjahren seine Träume von den »Nachtrassen« nicht verdrängte und vergaß. Er las darüber eine Unzahl seltener Bücher. Er besuchte in seiner nordamerikanischen Heimat all jene Plätze, um die noch immer unheimliche Sagen raunten: Der Erforscher des Unheimlichen wanderte an der Ostküste zu all jenen geheimnisvollen Steinmalen, die jenen im keltischen Westen Europas recht genau entsprechen.

Möglicherweise haben ihn diese rätselhaften Steine in den Uferländern dazu angeregt, die wahre Heimat seiner tierischen Urrassen in den Tiefen der Ozeane zu suchen. Sei dem, wie es wolle: Von Lovecraft sollte der wichtigste Teil der modernen Grusel-Literatur von Amerika ausgehen. Sein Freundeskreis, den er unermüdlich mit seinen Alpträumen anregte, verstärkte seinen Einfluß. Wer sein Werk kennt, erblickt die wohl tausendfachen Auswirkungen seiner Horrorbilder in der Massenkunst von Comics, Filmen und Fernsehserien.

Sehr wichtig scheint uns die geistige Entwicklung dieses Mannes, der mit den Schrecken aus seinen urzeitlichen Träumen die Gegenwart so nachdrücklich prägte. Er, der seine Sagen so erzählte, daß sie den Zivilisierten eine Gänsehaut einjagten, ist heute selber zur Sagengestalt geworden: Leider ist nur schwer zu überprüfen, welche Züge seiner Lebensgeschichte stimmen – und welche von Freund und Feind erfunden wurden.

Unbestritten war er nicht nur als Kind ein großer Träumer. Er neigte auch zur klassischen Bildung. Schon als Zwölfjähriger soll er die griechischen Göttersagen gekannt haben. Er übersetzte offenbar selbst die *Metamorphosen* von Ovid. Man versichert, unter seinen Verwandten habe es merkwürdige Menschen gegeben, die fest an die Wirklichkeit der uralten Sagen glaubten. Seine Großmutter, Robbie Philipps, stand im Rufe, eine Hexe zu sein und einer Gemeinschaft (Coven) von gleichgesinnten Frauen anzugehören. Sein Großvater, Whipple Philipps, soll eine sehr bedeutende

Der indische Gott Maha-Vishnu, der vorderasiatische Dagon: Beide gelten als Sinnbild des Lebens, das, »als die Schöpfung jung war«, den aufschäumenden Wasserfluten entstieg.

Bibliothek okkulter Schriften besessen haben: Bücher der hermetischen Tradition, Zauberwerke (Grimoires), seltene Privatdrucke.

Regelmäßig wird uns versichert, in dieser Bücherei habe sich auch das alte Schlüsselbuch der Geheimlehren »*Picatrix*« befunden. Es soll vom griechischen Weisen Hippokrates stammen und war dann im Mittelalter bei den spanischen Arabern ein Lehrbuch der Magie. Durch Kaiser Maximilian kamen Abschriften nach Wien. Sie beeinflußten sehr stark die europäischen Geheimwissenschaften. Wir sehen dies etwa an der *Okkulten Philosophie* von Cornelius Agrippa von Nettesheim.

Gerade für seine »Lieblinge«, die gestaltlosen Geschöpfe der Meerestiefen, hat Lovecraft viele Anregungen aus den Schriften der Theosophen erhalten. Da ist auf alle Fälle das Buch *Dzyan,* das die ukrainische Deutsche Helena Blavatsky (eine geborene Gräfin von Hahn) aus tibetanisch-indischen Geheimbibliotheken erhalten haben will. Dazu kommen noch die Schriften anderer Verfasser der gleichen mystischen Richtung, etwa Scott-Elliot oder Nikolai Roerich: Ich habe bisher leider keinen Vergleich von Stellen aus Lovecrafts Werk mit denen der Bücher der Theosophen und Sammler von Hexengeschichten gesehen: Dieser würde uns zeigen, daß er weniger ein Phantast war als ein eigenwilliger Antiquar, ein Sammler der Kuriositäten des 18. und 19. Jahrhunderts.

Den Schlüssel zu seiner Welt übermenschlich kluger, aber meistens knochenloser, ihre Gestalt wechselnden Wasserwesen will er aber vor allem in seinem umstrittenen Buch *Necronomicon* gefunden haben. Er erzählte darüber so häufig und lebhaft, daß bald eine Unzahl von englischen und nordamerikanischen Erforschern des Geheimnisvollen fest überzeugt war, es gebe dieses Werk wirklich. Kaum starb der Schriftsteller, schon suchte man das Werk in den Antiquariaten. Mehrfach gaben seither Verlage Schriften heraus und behaupteten, diese seien die rätselhafte Quelle des Dichters der Gespensterwesen ...

Angeblich aus dem *Necronomicon* stammende Zauber-Anleitungen werden in Amerika häufig benützt, um dank der großen Herren der Meerestiefen zu Einfluß und Macht zu kommen. Es entstand der *Esoteric Order of Dagon,* der sich nach einer orientalischen Meergottheit nennt. Er verkündet das Nahen des Zeitalters von Cthulhu, des gewaltigen Meisters der unerforschbaren Abgründe.

Alpdruck, den Ozeanen entstiegen

Immer mehr Zeitgenossen zeigen sich überzeugt, der Dichter aus dem amerikanischen Neu-England habe kaum eine seiner Hauptgestalten erfunden. Sie preisen ihn, der bei Lebzeiten kaum bekannt war, als den Wiederentdecker und Neuschöpfer urzeitlicher Überlieferungen.

Ein Freund von Lovecraft, August Derleth, will einen Brief von ihm besitzen, in dem steht: »Alle meine Erzählungen, so unzusammenhängend sie sein mögen, beruhen auf der grundlegenden Überlieferung oder Legende, daß diese Welt einst von einer anderen (also völlig nichtmenschlichen, S. G.) Rasse bewohnt wurde ... Diese Wesen leben aber draußen weiter, ständig darauf lauernd, diese Welt wieder in Besitz zu nehmen.«

Wir dürfen eins nicht vergessen: Lovecraft sah seine englischen Vorfahren und sich selbst als Puritaner. Er war mißtrauisch gegenüber jeder Erotik und Sexualität der Farbigen. Er fürchtete sich, wie einige seiner ernsthaften Jugendaufsätze beweisen, vor der geistigen Welt der »Mischlingsrasse«. Durch deren Magieglauben, davon war er überzeugt, werde die Welt der Zivilisation des weißen Mannes ins Wanken geraten. In deren Schwächung durch den Ersten Weltkrieg und die anschließenden Krisen und Umwälzungen sah er die entscheidende Gefahr für die angelsächsische Weltordnung.

Unter den Mischlingsrassen, die damals nach Nordamerika einwanderten, verstand er die Mexikaner wie auch die europäischen Slawen. Irgendwie am unheimlichsten wirken aber in seinen späteren Erzählungen die Südsee-Insulaner: Diese Menschen aus dem endlosen Meer verehren den Mollusken-Gott Cthulhu. Sie sind selbst nicht ganz menschlich und können sich in unfaßbare Meerwesen verwandeln.

Man nehme als Muster für diese Bilderwelt eins seiner bekanntesten Werke, *The Shadow over Innsmouth* (Der Schatten über Innsmouth). Die Tiermenschen sind hier dabei, Nordamerika zu unterwandern und für ihre Götter zu erobern.

Die Handlung spielt in einem bedeutungslosen Fischerstädtchen, wiederum an der Ostküste seines Landes. Doch obwohl die Einwohner vom Pazifischen oder Stillen Ozean durch den ganzen Erdteil getrennt sind, nehmen die Tiermenschen langsam, aber stetig zu. Ein Kapitän bringt eine Frau aus der Südsee in die kleine Gemeinde. Die beiden bekommen Kinder, und bald wandert aus den fernen Inseln noch anderes Volk ein, das »nicht ganz menschlich« ist.

Bei Lovecraft wird nun ausführlich erzählt: »Vielleicht haben sie davon gehört ... welche seltsamen Häfen die Schiffe aus New England in Afrika, Asien, der Südsee und sonstwo anlegen und welche merkwürdigen Menschen sie manchmal an Bord halten ... In Salem lebt zum Beispiel ein Mann, der seine Frau aus China mitbrachte, und auf Cape Cod existiert noch heute eine ganze Kolonie von Fidschi-Insulanern.«

Das geschilderte Städtchen eignet sich ausgezeichnet für die Rasse, die auf ihre Verwandtschaft mit den Wesen der Meertiefen stolz ist. Der Ort liegt nicht nur an der See. Auf der Landseite ist er von unzähligen Flußläufen und Sümpfen umgeben: Er ist also ein Teil jener Wasserwelt, aus der die geheimen Eroberer stammen.

Nach und nach gewinnt der »Geheimbund« der Menschen, die mehr oder weniger der Rasse der schleimigen Molluskenwesen der Tiefe entstammen, die Oberhand. Sie leben zwar noch in den Uferstädten, ihr ganzes Denken und Handeln strebt aber zum Element Wasser. Dies bringt ihnen auf alle Fälle einen Vorteil, den auch ihre entsetzten Nachbarn erkennen: Nie mehr herrscht in ihrem Umkreis Mangel an erstklassigen Fischen.

Lovecraft hatte zweifellos in einem recht: Gewisse Stämme der Südseeinseln waren die kühnsten Seefahrer und Fischer der Welt. Wie sie auf ihren schwachen Nußschalen die Weiten des gewaltigen Ozeans bezwangen, gehört zu den unsterblichen Ruhmestaten der Menschheitsgeschichte. Die Bildwerke der Osterinsel, die unser Dichter mehrfach erwähnt, scheinen eine heute verschwundene Hochkultur zu beweisen.

Der phantasievolle Forscher und Mystiker James Churchward wollte aufgrund von Schriftzeichen und übereinstimmenden Kulten in der Südsee die Urkultur »Mu« finden. Für Lovecraft brachten gerade seine umstrittenen Forschungen eine willkommene Bestätigung. Nicht nur das ganze Leben käme demnach aus dem Weltmeer, auch viele der ersten Sagen besäßen ihre Wurzeln in der grenzenlosen Wasserwelt.

Bereits die alten Seefahrer der Südsee glaubten, daß in den unmeßbaren Tiefen unvorstellbare Geschöpfe hausten. Doch sie wußten diese Furcht zu überwinden und verstanden sich gelegentlich als Freunde der Tiefen. Die späteren »christlichen« Seefahrer besaßen festere Schiffe, aber sicher nicht den gleichen starken Geist der Südsee-Einwohner.

Ihre Fahrzeuge waren geräumige und feste Häuser auf dem Meer. Doch es graute ihnen vor all dem, was in den Tiefen lauerte. Ihre Sagenwelt kannte titanische Tintenfische mit unzähligen Armen voller Saugnäpfe und schleimige Riesenschnekken … Die Matrosen erzählten etwa, daß ihre Vorgänger von den Seeleuten der Südsee die Kunst des »Tätowierens« gelernt hatten. Diese Bilder zeigen oft Fischfrauen, umgeben von geheimnisvollen Zeichen: Diese sollen den »Mächtigen der Tiefen« beweisen, daß auch die »weißen« Seeleute nicht Eindringlinge in ihr Reich sind. Ihre gefärbte Haut soll zeigen, daß sie zu der Meerfamilie gehören.

So war es wohl bereits in vorgeschichtlichen Zeiten. Schon

die kühnen Meerfahrer Skandinaviens, die Wikinger, stellten sich die Tiefen bevölkert mit unfaßbaren Ungetümen vor. Ich erinnere hier nur an die Midgardschlange, deren Bewegungen auf dem Grund der See Erdbeben und vernichtende Stürme bedeuten.

Unsere Zivilisation hat seit dem 18. Jahrhundert die steinzeitlichen Meerkulturen fast ganz aufgelöst und zerstört. Lovecrafts Alpdruck vor der Wiederkehr ihrer »Götter« (und der mit diesen verbundenen Rassen) scheint mir eindeutig: Es ist das schlechte Gewissen des weißen Mannes gegenüber jenen Völkern, die das Meer und dessen Wunder unter allen Menschen am allerbesten kannten.

Im Reich der Lüfte

Adlerschwingen und Felsennester

Der Donnergott der Griechen und Lateiner, Zeus oder Jupiter, reitet auf einem Adler. In der Sage von Ganymed verwandelt er sich sogar in diesen König der Vögel. Die Sage ist uralt: Auch die indische Gottheit Mahavishnu reitet auf dem Adlermenschen Garuda.

Auf einem ähnlichen Wesen fliegt, nach der jüdischen und islamischen Überlieferung, auch Salomo, der König der Könige, durch die Welt. Er kommt zu den geheimsten Plätzen der Erde und lernt alle die Wunder kennen, die der Schöpfer und dessen Engel verbargen: Man kann nicht weise werden, wenn man nicht die Kühnheit des Wundervogels besitzt.

Der Adler fliegt hoch und baut sein Nest an unzugänglichen Felsen. Die Sage schreibt ihm darum einen Überblick und eine Erfahrung zu, um die ihn die anderen Wesen nur beneiden können. Sogar eine geheimnisvolle Quelle, die irgendwo in den Alpen sprudelt, hat er entdeckt: Wer dort badet, der kann sich verjüngen und alle anderen Menschen an Alter übertreffen. Über die Lebensdauer des Adlers hatte man darum phantastische Vorstellungen.

Auch von Dr. Faust, dem Meister der Magie im 16. Jahrhundert, versichert die Überlieferung, er habe »Adlerflügel genommen«. Sehr tätigen, aktiven, unternehmungslustigen und mutigen Menschen schrieb die Erfahrung eine Nase zu, »die stark gebogen ist wie der Adlerschnabel«. Die »Adlernase« und die »Adlerflügel« wurden auch für die Dichter zu Sinnbildern des Menschen, den ein großzügiges Denken auszeichnet. Es gibt indische Darstellungen des Garuda, auf denen er als wohlgestalteter Mensch erscheint. Doch auch auf ihnen besitzt er seine weiten Schwingen und die stark hervorragende Schnabelnase.

Adlerfedern steckten sich die kühnen Alpenjäger auf den Hut. Sie sollten ihnen »Adleraugen« schenken. Mit diesen wollten sie ihre Beute und auch die menschlichen Feinde »stets als erste« erblicken. Auch half ihnen nach dem Volksglauben dieser Schmuck, ohne jedes Schwindelgefühl in die tiefsten Abgründe hinunterzublicken. Eine sehr verbreitete Sage lautet, daß die schönen Mädchen, fast wie die Prinzessinnen im Märchen, ihren Verehrern eine schwere Aufgabe stellten: Sie wollten nur dem gehören, der ihnen eine schöne Adlerfeder aus dem hohen Felsennest herunterbrachte.

Noch immer erkennt man auf den Anhöhen der Gebirge die Überreste von Burgen, der »Felsennester«, auf denen einst die Ritter hausten. Es ist eigentlich recht schwer, sich in gewissen Fällen vorzustellen, wie die Arbeiter die Steine und Balken hinaufbrachten. Von den Menschen, die in ihren unbezwingbaren Horsten hausten, wird versichert: Sie konnten gar nicht unten in den »schweren Dünsten« der Tiefe leben. Nicht weniger als die Adler, die sie häufig auf ihre Schilde und Fahnen malen ließen, liebten sie die wilden Luftströmungen. Diese brachten ihnen »den Duft der Freiheit«.

Von den indischen und tibetanischen Magiern, die hoch im Himalayagebirge zu Hause sind, behauptet man noch immer: Vom Vogelmenschen Garuda haben sie die Kunst des Fliegens erlernt. Während sie in unzugänglichen Felsnischen leben, wissen sie alles, was auf dem Erdenrund geschieht. Das Volk glaubt, daß sie durch ihre Siddha-Kunst sogar ihre materiellen Körper völlig schwerelos machen können. Unter den Gebildeten von Asien herrschte seit jeher eine ähnliche Auffassung vor wie in der europäischen Parapsychologie. Die Einsiedler lassen ihren sterblichen Leib in der luftigen Behausung ruhen. Ihr Astralleib fliegt aber »gleich dem Vogelkönig Garuda« durch alle Welten.

Ähnliche Legenden kannte im übrigen auch der christliche Alpenraum. Wie wir schon sahen, soll die heilige Ida von Toggenburg aus dem stolzen Bergschloß gestürzt – und sanft auf dem Waldboden angekommen sein. Wohl noch bekannter ist die Geschichte vom heiligen Bernhard: Noch heute wird das Fenster im Schloß seiner Familie, derer de Menthon, am See von Annecy gezeigt. Aus diesem soll er vor einem Jahrtausend hinausgeschwebt sein. Auch er kam unbeschadet auf der Erde an.

Bezeichnenderweise gilt gerade dieser Mann aus Savoyen bis heute als der himmlische Beschützer des Alpenraums. Die Pilger über gefährliche Pässe, Soldaten im Gebirgskrieg, die Jäger nach Gemsen und Steinböcken sollen ihn noch immer anrufen. Noch heute hilft er, wie man mir mehrfach erzählte, den verwegenen Bergsteigern in ihrer Not.

Am See von Annecy, in Talloires, zeigt man übrigens auch die felsige Einsiedelei des heiligen Germain. Er soll der gute Freund des St. Bernhard gewesen sein. Da er schon alt war, benützte er für den Besuch von Gottesdiensten ebenfalls »die Wege der Luft« (les chemins de l'air).

Im Schloß von Menthon, das noch immer der Familie des Heiligen gehört, wird versichert: Das Bergschloß liegt auf einem Felsen und benutzte also ursprünglich keine eigene Quelle. Wasser zum Trinken und Waschen besaß es aber dennoch reichlich – und zwar ausschließlich »vom Himmel her«. Durch geschickt um Mauern und Türme angelegte Regentraufen wurde es aufgefangen. Wenn ich, wie etwa beim erwähnten Märchen bei Musäus, von Adlermenschen lese, fällt mir genau dieses Beispiel ein.

Das Dasein der Menschen unserer Vergangenheit war eben unglaublich vielartig. Wahrscheinlich erschien jedem Stamm und jeder Volksgruppe der Lebensstil »der anderen« als phantastisch und ganz und gar märchenhaft. Man begriff ihn nur, wenn man ihn mit dem von bestimmten Tieren verglich.

Über das Treiben der Nachbarn entstanden darum wundersame Legenden, bei denen meist nur eins vergessen wurde: Die eigenen alltäglichen Gewohnheiten erschienen den »Fremden« nicht weniger merkwürdig und erstaunlich.

Vogel-Schamanen zwischen Finnland und Altai

Die großrussischen Sagen, die noch erstaunlich volkstümlich sind, handeln vor allem in der Übergangszeit ins 10. Jahrhundert. Damals breitete sich das griechische Christentum im Osten aus: Ihr geheimer Herrscher ist der »Räuber Nachtigall«, ein Heide und Zauberer.

Die Fürsten aus dem Geschlecht der Waräger (Wikinger) hatten, von Kiew aus, ein gewaltiges Reich aufgebaut. Vielbenutzte Handelswege verbanden das Baltische, Schwarze und Kaspische Meer. Unglaubliche Reichtümer von Europa und Asien sammelten sich in den kunstvollen Palästen der Herrscher.

Doch wenn wir den Überlieferungen des Volkes glauben, entstand nach einer Glanzzeit der Kultur ein Niedergang. Neid und Ränke erfüllten die Hauptstadt des Großfürsten Wladimir. Es wurde unmöglich, eine noch so oberflächliche Ordnung im fast grenzenlosen Reich aufrechtzuerhalten: Die Stämme der Jäger und Fischer, die die russische Forschung als »Ural-Altai-Völker« zusammenfaßt, schüttelten jede Oberhoheit ab.

Als mörderische Schützen mit Pfeil und Bogen und gefürchtete Kenner der Naturkräfte bedrohten sie die wichtigen Zufahrtswege. Wer hier noch durchziehen wollte, mußte den Häuptlingen der Sümpfe und Wälder als unabhängigen Herrschern huldigen. Im übrigen nützte meist nicht einmal das Entrichten von teuren Geschenken und Zöllen; die wilden Sippen lebten am liebsten im eigenen Umkreis, zusammen mit dem von ihnen betreuten Getier. Sie wollten keine Fremden, auch nicht deren Reichtümer.

Die einst so sicheren Landwege wurden wieder völlig unzugänglich. Niemand konnte hier durch, denn niemand kannte die Umwelt besser als die Ural-Altaier, die hier seit den Eiszeiten hausten. Die unüberwindliche Wildnis des Nordens erwies sich stets als ihr treuer Verbündeter. Wer den unsicheren Boden nicht kannte, dem stand der Tod in jedem Augenblick nahe.

Der mächtige »Nachtigall« kann selbst in Vogelgestalt erscheinen. Er heißt der große Sänger, weil er mit seiner Stimme, seiner Atemkraft die ihm befreundeten Naturgewalten entfesseln kann. Wenn man den Pfeilen, aus Baumwipfeln abgeschossen, ausweichen kann – ist man aber ein Opfer der Energien, die er entfesselt: »Alles tötet er mit eines Seufzers Kraft (wzdochom jedinim). Vom Schlangenpfiff, vom tierischen Schrei sterben alle kühnen, guten Jünglinge.« Die mächtigen Waldbäume schwanken von seinem Pfiff, die Erde bebt, die Rosse sinken in die Knie, die Dächer werden wie von einem Wirbelsturm von den Häusern gerissen.

Eine russische Notiz aus dem 17. Jahrhundert nennt diesen Herrn der Wege ausdrücklich einen Mordwinen, also den Angehörigen eines der ureinheimischen Waldstämme. Von solchen wissen wir aus sicheren geschichtlichen Nachrichten, daß sie sippenweise, die Großfamilien vielfach untereinander bitter verfeindet, hinter unüberwindlichen Flüssen und Sümpfen hausten: Gewaltige Eichen benützten sie als Wachtürme. Die Zerstörung solcher »Nester« galt in dem sich bildenden russischen Staat als Verdienst.

Schon Amfiteatrow hat darauf hingewiesen, daß tatsächlich viele Sippen um Ural und Altai sich oft nach Vögeln nannten. Auch besaßen die Götter und Geister, die sie verehrten und an deren Macht sie glaubten, vielfach die Gestalt von Vögeln oder von Vogelmenschen. Das Entfesseln der Stürme mit der menschlichen Stimme, »durch Pfiff oder Vogelruf«, galt als eine Fertigkeit, die man diesen Völkern bis heute zuschreibt. Ihre Schamanen taten das ihre, durch Feder- oder Flügelschmuck an ihren Kleidern diesen Eindruck zu erwekken.

Auch sonst erinnert in den russischen Heldensagen das

ganze Treiben der Sippe des gefährlichen Nachtigall an das Vogelgeschlecht. Sie wohnt in einem »Nest«, einem Bau, der auf Pfählen hoch über den Sümpfen emporragt. Die Bewohner bilden eine geschlossene Familieneinheit. Diese kämpft zusammen, Brüder, Schwestern, Männer und Frauen gleichermaßen wehrhaft, für die Zukunft ihrer gemeinsamen Jungen.

Nacherzählungen der Sage, die möglicherweise schon durch moderne Einflüsse verändert sind, schildern das Aussehen der Vogelmenschen: Pechschwarz seien ihre Rüstungen gewesen; wie Rabenköpfe waren die Hauben gestaltet; Rabenschnäbel schmückten sie. Schwarze Raben habe man die Kinder Nachtigalls genannt.

Es ist eben bezeichnend, daß alle die berühmten und vornehmen Ritter der Tafelrunde des Fürsten Wladimir gegen den Waldkrieger völlig machtlos sind. Entfesselt sich seine Atemkraft, müssen sie machtlos auf dem Boden herumkriechen. Schon deren vierzig habe er besiegt. Ihre Schädel schmücken seine Behausung. Nur der bärenstarke Ilja kann ihm beikommen. Er ist selber in den dunklen Muromer Wäldern aufgewachsen und besitzt wohl darum übermenschliche Fähigkeiten.

Der Zauberkrieger findet also im unerschrockenen und starken Helden Ilja von Murom seinen Besieger. Die Sage versichert, daß es gar nicht anders gegangen sei – denn sein Überleben hätte für die Ausbreitung der christlichen Zivilisation das Ende bedeutet. Der Tod Nachtigalls wird im übrigen gelegentlich mit einem gewissen Bedauern festgestellt.

Vieles in seinem Wesen scheint den Volkssängern, die Lieder über ihn verbreiteten, eingeleuchtet zu haben. Schließlich stammten die Erzähler noch selber häufig aus Sumpf- und Seegegenden des Nordens. Teilweise hatten sie, wie uns die Forschung versichert, nur zwangsweise und sehr äußerlich Sprache, Religion und Sitten der Großrussen angenommen. Ihre Dichter versichern, daß Nachtigall zwar umgekommen sei, doch ewig im Lied weiterlebe!

Manchmal klingt hier sehr deutlich der Traum von der Wiederkehr der Vogelmenschen durch – mit ihrer leidenschaftlichen Liebe zur ursprünglichen Umwelt.

Schrecken aus dem Sturm: Die Harpyien

An den Ufern des Oceanus, der die ganze Erde umströmt, hausen den Griechen zufolge die schrecklichen Harpyien. In der Nähe ihrer Heimat liegt der Eingang zur Unterwelt. Die Vögel des Grauens zu schauen verkündet den Schiffern das Nahen des Unterganges.

Sie besitzen menschlichen Verstand, sind aber gleichzeitig wilde Tiere und die schnellsten Raubvögel. Die rasende Geschwindigkeit ist überhaupt die vorherrschende Eigenschaft ihres fast windschnellen Flugs. Mit einer von ihnen soll, nach Homer, der Windgott Zephyros die unübertrefflich schnellen Rosse des Helden Achilles erschaffen haben. Nach einer Sage bei Valerius Flaccus sind sie Kinder des Typhon: Dieser galt häufig als der Geist aller zerstörenden Wirkung in der Natur. Er war gefürchtet und doch in der Überlieferung notwendig, um das schreckliche Ende von ganzen Zeitaltern herbeizuführen.

Das Bild der Harpyien erzeugt Entsetzen und ist irgendwie schwer faßbar. Ihr Gesicht ist menschlich und gelegentlich sogar von eigenartiger Schönheit. Die Flügel haben eine gewaltige Spannweite und peitschen die Lüfte zu einer Bewegung mit vernichtender Wirkung. Ihre langen Menschenhaare flattern im Wind, so daß man sie nach Hesiod sogar als »schöngelockt« rühmte. Stählerne Krallen sind die Waffen dieses von den Griechen gefürchteten Menschenvogels: Ohne jede Anstrengung vermag er damit seine Opfer zu zerfleischen oder durch die heulenden Lüfte zu entführen.

Wohl mit Recht betrachtete man sie als die Geister der oft so mörderischen Stürme und Wirbelwinde, die die Meere zwischen Europa und Asien beherrschen. Ihre Einwirkung soll es gewesen sein, durch die der griechische Held Odysseus herumgetrieben wurde und zu all den Küsten der seltsamen Märchenvölker gelangte.

Man kann ruhig sagen, daß alle Völker, die elementare Stürme kennen, solche Menschen-Raubvögel schilderten. Die Seefahrer des europäischen Nordens erzählen von grauenhaften Hexen, die ebenfalls furchterregende Gestalt annehmen. Sie greifen in riesenhafter Größe die Schiffe an, die ihnen gegenüber an schwache Nußschalen erinnern. Sie zerfetzen die Segel, brechen unter tobendem Hohngelächter die Maste und reißen die Besatzung in die schwarz aufschäumende, alles verschlingende Tiefe.

Der Dichter Jens Baggesen schilderte, wie schon erwähnt, die Auswanderung der griechischen Götter in die zu seiner Zeit noch unzerstörte Alpenwelt. Mit einigem Geschick verband er die alten Sagen aus dem Zeitalter Homers mit denen der Hirten und Jäger unserer Gebirge. Auch er erwähnt, teilweise nach einheimischer Überlieferung, einen Alpengeist in Gestalt eines ungeheuerlichen Raubvogels: Er bringt den mörderischen Sturm mit Eis und Schnee. Seine Aufgabe ist es offensichtlich, für die Menschen den Weg zu den Burgen der olympischen Götter zu bewachen.

Während man im Altertum einerseits alles tat, den Harpyien ein furchtbares Aussehen zu verleihen, gab es dazu eine andere Auffassung. Nitsch vermutete bereits im 18. Jahrhundert: »Sie waren bei Homer und Hesiod schöne Weiber, die ohne Abzeichen (also irgendwelche seltsamen Merkmale, S. G.) durch die Lüfte wandeln. Zur Zeit des Aeschylos wurden sie häßlich, wie Furien ...«

Wahrscheinlich haben wir hier eine ähnliche Gegebenheit wie in unseren eigenen Hexensagen. Auch hier kann bekanntlich eine weise Frau oder ein weiser Mann ein eher angenehmes menschliches Aussehen besitzen. Ihre Seelen können aber aus dem menschlichen Leib fahren und dabei eine halbwegs tierische Gestalt annehmen. Sie »reiten dann auf dem Sturm wie auf einem wilden Roß oder Drachen«.

Die Sturmvögel sind den Seeleuten bald mordgierige »pfeilschnelle« Ungetüme – und dann wieder voll geheimnisvoll-lockendem Liebreiz.

Als Geschöpfe des Schreckens werfen dann diese Wettergeister Eis und Flammen auf die Erde.

Die Fischer erzählten noch in unserem Jahrhundert auf den Inseln der Mittelmeerküsten, daß es solche Wesen gibt: Die alten Griechen hätten aber bei ihrer kühnen Schiffahrt gewußt, wie man durch gute Gedanken »an die schützenden Mächte des Meeres« sich vor der Gefahr dieser Geschöpfe bewahrt. Mein Vater schilderte mir das Fortleben solcher Schutzbräuche unter den Christen der Ostkirche! Man ging vor dem Einschiffen ins Gotteshaus und rief die entsprechenden Heiligen an. Auch ein andersgläubiger Matrose war gezwungen, hier mitzumachen, sonst hätte man ihm bei einem Unglück im Sturm die Schuld gegeben ... Gerade der Steuermann sollte am Anfang seiner Wache beten und sich vorstellen, wie sein Schutzengel über ihm schwebte. Von dessen weißen Flügeln ging eine Kraft aus, die alle Harpyienhexen zu vertreiben vermochte.

Im übrigen wußte das Seevolk bis in die Gegenwart, daß gerade die Griechen ihre Ungetüme der Stürme eigentlich auch schätzten. Sie wußten, daß gerade ihre Geschichten von den Angriffen der Sturmgeschöpfe eine für ihr Volk einträgliche Wirkung ausübten: Der Mehrzahl der Zuhörer fuhr bei diesen Berichten die bange Furcht in die Knochen.

Die erzwungene Reise durch die von Harpyien und ähnlichen Wesen beherrschten Meere kam den Furchtsamen wie eine qualvolle Todesstrafe vor. Sie überließen die Seefahrt neidlos den kühnen Matrosen. Diese waren schon von Kindheit an die Schrecken der See gewohnt. Ihr Mut war es schließlich, der ihnen die Pforten zu den fernen Kulturen und den Reichtümern der fremden Küsten eröffnete.

Auch die Alpen waren nach der Überlieferung noch vor kaum mehr als ein, zwei Jahrhunderten ziemlich menschenleer. Hier wird uns die Beziehung zu den Sturmgewalten ähnlich mitgeteilt. Die Menschen der »Bergberufe«, all die Jäger und Kräutersammlerinnen, wollten die Reichtümer des Bergs nicht mit Talmenschen teilen. Sie kannten schließlich die oft grauenhaften Wirkungen der Sturmgeister. In einem gefahrvollen Dasein durch viele Geschlechter hatten sie erlernt, trotz der entfesselten Naturmächte zu überleben. Sie glaubten ebenfalls, daß es gegen die Naturdrohungen ein fast sicheres Gegenmittel gibt: die Erfahrung.

Sie waren stolz, sozusagen als Freunde oder Geschwister der Sturmgewalten zu gelten. Das ermöglichte ihnen einen Wohlstand, um den sie niemand beneidete. Sie führten ein freies Dasein, gleich den Seefahrern aus dem Zeitalter des Odysseus oder der Argonauten.

Eulenmasken tanzen im Mondschein

Unter der Verbindung zwischen Eule und Mensch ist in der Sagenwelt wohl als berühmteste die Göttin Athena oder Minerva zu nennen. Sie erscheint als Beschützerin von Städten, ganzen Ländern oder von einzelnen Helden. Fast immer wird sie dabei vom Vogel der Nacht begleitet. Die wunderbare und jungfräuliche Himmelsfrau ist eine Tochter des Gewittergottes Zeus. Sie soll unmittelbar aus seinem Kopf, also seinem unsterblichen Geist, entstanden sein. Gelegentlich ist ihr Gesicht von ihrem Wunderhelm völlig verdeckt: Ihr ganzes Wesen gilt als undurchdringliches Geheimnis, ein Eindruck, der durch ihr Eulen-Sinnbild noch verstärkt wird.

Athena oder Minerva war wohl nach dem ursprünglichen Glauben der Griechen selber eine Eulen-Frau. Sie konnte sich also, genau wie unsere Hexen, in eine Eule verwandeln. Dafür spricht unter anderem ihr Beiname Glaukopis, was man als die »Eulenäugige« verstand: Sie bewegt sich eben auch in der Dunkelheit; alles sieht sie, was unseren schwachen Augen verborgen ist. Athene kann sogar in den Gedanken der Menschen lesen wie in einem aufgeschlagenen Buche.

Man hat aber dieser Übersetzung nachträglich widersprochen. Glaukos ist zwar tatsächlich der zweite Fall des griechischen Hauptworts, das Eule bedeutet. Es gibt aber auch ein Eigenschaftswort glaukos, das funkelnd, bläulich-aufleuchtend, glänzend bedeutet: Das wäre wohl ein Hinweis auf den Blitz, die Waffe ihres Vaters. Aus dieser unendlichen Kraft soll sie schließlich entstanden sein.

Wahrscheinlich liegt darin kaum ein Widerspruch. Die Alten haben sicher, wenn sie sich die geheimnisvolle, lautlos auftauchende Göttin vorstellten, an beide Worte ihrer Sprache gedacht. Das eine und das andere waren deutliche Hinweise auf die Wundermacht ihrer durchdringenden Blicke: Ihre Augen glichen denen einer Eule – und leuchteten im Dunkeln wie fernes Aufblitzen! Auch unser eigener Volksglaube bewundert schließlich die »phosphoreszierenden« Blicke des Nachtvogels. Man verglich sie deswegen auch mit denen der Katze.

In der »Wilden Jagd« unserer Sagen fliegen auch viele Eulen mit, die meist als verwandelte Menschen gelten. Die bedeutenden Sagenforscher des letzten Jahrhunderts wie etwa Nork und Friedreich sahen hier eine echte Naturerscheinung. Die Ursache sollte wiederum das Eulentreiben sein: »Brausend und schnaubend zieht der Zug des Wilden Heeres vorüber. Wer sich in der Nähe befindet, bemerkt feurige, schnell umherfahrende Punkte … Es rührt dieses Geschrei von den Kriegen und Spielen der Eulen her.« Diese versammeln sich in der Zeit der Begattung. Der hohe Laut »Hu«, den sie dabei ausstoßen, gleicht dem starken Jauchzen eines Menschen: Dies ist der eigentliche Paarungsruf. Das Weibchen antwortet darauf dem Männchen mit einem lauten Kreischen.

Man nehme dazu noch das Aufleuchten der Augen des leidenschaftlich herumflatternden Vogels. Nun hat man ziemlich alles, was das Volk mit der Wilden Jagd in Verbindung brachte! Der bernische Sagensammler und Psychologe Hans Zulliger hat mir aber versichert, daß das Volk immer wußte, daß am »Wüetis-Heer« vieles auf Naturerscheinungen zurückgehe. Trotzdem erschien der ganze Vorgang als etwas »Magisches«. Die Hexen bevorzugten eben die Nächte, in denen sich die Tiere ihren Liebesbräuchen hingaben. Gerade wenn es etwa die Eulen oder Katzen »wild trieben«, glaubte man Wald und Flor von überschäumender Energie der Erde erfüllt.

Wenn es in der Finsternis so richtig unruhig wurde, schwer bestimmbare Geräusche aufklangen, Augen aufblitzten, war man fest überzeugt: Neue Kraft fährt nun durch die Welt. Auch der Mensch kann dies erfühlen und durch sie Stärke und Gesundheit gewinnen.

Im Lateinischen bedeutet Striga – Eule und Hexe. Im Italienischen wird das Wort zu Stregha. Gerade in der Toskana sollen die weisen Frauen noch immer die antike Kunst ihres Volkes kennen, für Traumreisen nächtlich aus ihren Körpern zu treten. Mit lautlosen Flügelschlägen schweben sie dann über der schlafenden Landschaft. Nur Menschen, »die auch Eulenaugen besitzen«, sollen sie als mächtige Vogelschatten über den Himmel dahinziehen sehen.

Aus dem Zeitalter der stärksten Ausdehnung der griechisch-lateinischen Kultur drang der Ausdruck auch in den Alpenraum. Die Hexe nennt man hier (neben Strunze) auch »Sträggele« oder »Sträggle«. Die gespenstischen Gestalten dieser Geschöpfe schauen im übrigen darauf, daß die Frauen ihre weiblichen Arbeiten wohl beherrschen. Hier liegt die Erinnerung an die Zeit, da die Hexen noch priesterliche Aufgaben hatten: Sie lehrten in ihren Waldhütten und Höhlen den Mädchen die Bräuche und das Handwerk der Ahnen.

Im Luzernischen kennt man noch die »Sträggele-Nacht«. Der alte Sprachforscher Stalder weiß darüber: Die Wesen dieser Art sollen »nach dem Volkswahn« besonders vor Weihnachten herumspuken. Ihre Zeit ist die »Fronfastennacht« am Mittwoch vor dem Christfest. Sie bestrafen dann »auf mancherlei Art« die Mädchen, »wenn sie ihr Tagwerk nicht gesponnen«: Sie gelten darum zwar als bedrohlich, jedoch nur für die Faulenzerinnen.

Eigentlich gehören die Sträggele also zu den Mächten der Alpenkultur, die die gute Ordnung in der menschlichen Gesellschaft bewahren. Ähnliches pflegt man von den Eulen zu sagen: Sie wirken zwar (durch ihre Lautlosigkeit) unheimlich, vertilgen aber das Ungeziefer.

Sie sehen alles in der Nacht und werden darum vom Gaunergesindel gefürchtet. Plündern etwa die Schurken nächtlich ein Bauernhaus, fürchten sie, von einer Eule »überflogen« zu werden. Man sagt, daß der Vogel ihre Untat auf geheimnisvolle Art und Weise »weitermelden« kann. Also glauben die Diebe, daß sie nach einer solchen Begegnung erwischt werden.

Wahrscheinlich stammt auch dieser Volksglaube aus einer fernen Zeit, als man überzeugt war, daß die Sträggele, die Dorf-Hexe, durch ihre Begabungen die schlafende Gemeinde bewache.

Spielleute im Federkleid

Das weiße Sirenen-Eiland

Die Sirenen erscheinen in der griechischen Dichtung als die wohl höchste Gefahr für die kühnen Seefahrer. Sie sind ebenso verderblich wie süß-lockend. Odysseus stößt auf ihre Insel, als er vom Trojanischen Krieg zurückkehrt. Auch der große Dichter Orpheus, der mit den Argonauten dahin fährt, vernimmt ihren magischen Gesang.

Vorgestellt hat man sie sich bis in unser Mittelalter ziemlich einheitlich. Das Tierbuch *Physiologus*, das viel Wissen der Griechen für die Nachwelt bewahrte, erzählt von ihnen: »Aber wie die Musen selbst, singen sie lieblich mit ihren Stimmen ... Die Gestalt haben sie halbteils, bis zu ihrem Nabel, eines Weibes. Zur Hälfte haben sie die Gestalt eines Vogels.«

Wie bei den anderen Tiermenschen oder Menschentieren des Altertums ist die Ableitung und damit der Sinn ihres Namens umstritten. Vielfach wurde vermutet, daß er gar nicht aus dem Griechischen stamme. Er wäre demnach aus der Sprache von uralten Völkern, die in vorgeschichtlicher Zeit die Ufer des Mittelmeeres beherrschten.

Man versuchte es unter anderem mit dem semitischen Wort Sir, das Gesang bedeutet. Gelegentlich übersetzte man es aber auch mit »glänzen, leuchten«. In diesem Fall bedeutet die Bezeichnung Sirenen ungefähr das gleiche wie der Name eines der schönsten Sterne, Sirius. Schon im 19. Jahrhundert vermuteten darum die Sagenforscher, die griechischen Dichter hätten in diesen Wunderwesen Geschöpfe von den Gestirnen am Himmel gesehen.

In den türkisch-persischen Dichtungen um den weisen Salomo kommen ebenfalls Vogelmenschen vor. Zu einem von ihnen äußert der König der Könige sein Erstaunen, daß es ein solches Geschöpf überhaupt geben könne. Der geheimnisvolle Gast des Herrschers antwortet ihm: Hier sei er tatsächlich ein vielbestauntes Wunder. In der Welt aber, aus der er stamme, gelte er als etwas sehr Gewöhnliches. Salomo würde, wenn er seine ferne Heimat besuchen könnte, seinerseits wegen seines Aussehens als etwas Einzigartiges, Erstaunliches bewundert.

Die Sirenen bei Homer sind große Magierinnen. Als sich Odysseus mit seinem Schiff ihrer gefürchteten Insel nähert, tritt plötzlich herrliches Wetter und Windstille ein. Die Vogelfrauen rufen den Helden beim Namen. Sie kennen alles, was sich in Troja ereignete. Sie verwirren also die Schiffsleute mit einem Wissen, das diesen als göttlich erscheint. Ganz offensichtlich lesen sie im Gedächtnis der Menschen wie in einem aufgeschlagenen Buche.

Man fürchtete die Sirenen offenbar wie den Tod. Sie saßen auf einer grünen Wiese, umgeben von Haufen modernder Menschengebeine, so daß die Insel von weitem »ganz weiß« schien. Obwohl die Schiffer die Gefahr genau kannten, vermochten sie selten dem wundervollen Zaubergesang zu widerstehen: Sie steuerten dem verwunschenen Sirenenland zu – und wurden nie mehr gesehen!

Spätere Sagensammler suchten nach freundlicheren Deutungen. Die Knochen und Schädel auf der Insel der Vogelfrauen sollten demnach nicht etwa auf »Verunglückte und Schiffbrüchige« hinweisen. Die einstigen Matrosen des Mittelmeeres sollen einfach mit viel Freude an der Märchenküste gelandet sein. Sie blieben dann völlig freiwillig bei den Sirenen und gaben sich dem endlosen Genuß des Lauschens hin. Wie etwa die Helden der keltischen Sagen vergaßen sie dabei völlig ihre Heimat. Sie glaubten, während dieser seligen Beschäftigung vergehe nur eine kurze Zeitspanne. Doch ihre Jahre liefen unterdessen unbarmherzig ab. Das Märchen von

Die Dichter und Seher erzählen seit jeher von märchenhaften »Gefiederten«. Sie schenken dem Menschen die berauschende Musik des Glücks.

der weißen Insel wollte nur eins andeuten: Wer ins Reich der einzigartigen Musikantinnen kam, vermochte es bis zu seinem Tode nicht mehr zu verlassen.

Nur ganz große Helden konnten, nicht ohne Bedauern, weiterziehen. Eben der listenreiche Odysseus, der unbedingt zu seiner Gattin Penelope zurückwollte, oder auch Orpheus, der in alle Geheimnisse der Musik und Natur tiefen Einblick besaß.

Etliche Gebildete des in die Antike verliebten 18. Jahrhunderts erkannten darum als den Sinn der Sage: »Wer sich zur Lieblichkeit der Musik einmal gewöhnet, pflegt ihr beständig anzuhängen.« Diese Ansicht hat damals sicher viel dazu beigetragen, Europa eine neue und einzigartige Begeisterung für die Kunst zu schenken.

Träger des Sternenglücks

Die Sirenen hat man später, eigentlich bis in die Gegenwart, gerne mit den Nereiden, Oceaniden oder Nixen verwechselt: Dann stellte man sich auch sie mit Fischschwänzen vor.

Das ist verständlich: Man fand es störend, daß ausgerechnet Luftwesen mit Flügeln und Federn auf Meerinseln hausen sollten, um dort Seeleute und Fischer zu gefährden. Vogelgeschöpfe versetzte man sonst in den Märchen viel lieber auf windige Anhöhen oder in wunderbare Wälder.

Doch das Wasser war nun einmal für die Griechen die Gebärmutter aller Lebewesen. Dauernd sollten ihm durch die Lebensenergien der Tiefen neue Mischwesen entsteigen. Auch in der süddeutschen Sage finden sich schließlich deutliche Erinnerungen an solche Gedankengänge. Da heißt es etwa von der Zeit »einst, ehe noch trockenes Land bestand«: Da seien alle Geschöpfe, sogar die Ahnen unserer Land- und Bergkobolde »im Wasser« gewesen. Dann habe ein mächtiger Blitz in die Fluten gezündet und »Zwerge, Männer und Weiber« auf den Erdboden geschleudert. Gleichzeitig hätten alle diese Wesen ihre »Hütchen«, wohl eine Art Tarnkappe, verloren: also die Eigenschaften, die ihnen das Dasein »in der Flut« ermöglichten.

Wie der Sagenforscher Otto Henne-Am Rhyn nachzuweisen suchte, sah man einst die Wasserwesen als »von den Gestirnen stammend«. Sie galten also als nahe Verwandte der nachträglich kommenden Landwesen, aber noch viel ursprünglicher als diese. Im Zusammenhang mit einer urzeitlichen Abkunft stand ihre Kunst der Vorausschau, des Wahrsagens und der magischen Musik.

Der aus dem russischen Bauerntum stammende Dichter Kljuew besang den »Vogel Sirin«: Er ist der eigentliche Bote der menschlichen Freude. Als Bewohner des Paradieses besitzt er das Antlitz und die Brust eines vollkommenen Weibes. Von sich selber kündet er: »Wem ich singe, der wird ewig leben.«

Dieser Wundervogel aus den ostslawischen Legenden und der Kunst wurde um die Jahrhundertwende als Symbol entdeckt. 1896 erschien er auf einem Gemälde von W. Wassnezow, das sehr beachtet wurde. Hier wurde der große Dichter Alexander Blok zu einigen seiner Meisterverse angeregt.

Um 1900 besang er dieses Wunderwesen Sirin: »Sein Blick ist erfüllt mit Glückseligkeiten, die nicht von dieser Welt sind.« Alles in ihm erfühlt die geheime Lebensflut des Frühlings. Seine Federn, seine Flügel sind eigentlich vor allem dazu da, die ewigen Lichtströme zu empfangen und weiterzugeben.

Schon früh erkannte die Forschung, daß dieser Sirin-Vogel noch unmittelbar mit den Sirenen der Griechen zusammenhängt. Der Kunstmaler Iwan Bilibin (1876–1942) war dafür berühmt, daß er Märchenstoffe wieder auferweckte. Bald schmückten sie als Bühnenbilder Oper und Ballett. Meine Eltern kannten ihn noch gut. Sie begegneten ihm in Paris, wo er in den Dreißigern als Flüchtling weilte. Gerade im Sirin sah er einen Beweis für das »geheime Überleben« des Griechentums in der ostslawischen Volkskultur.

Doch die Zeit war kaum reif für die Ahnungen der Künstler. Gerade gegen Alexander Blok wurde, besonders wegen der Liebe zum Paradiesvogel, ein damals schwerer Vorwurf erhoben: Er solle sich schämen, sich mit »so was« zu beschäftigen. Dies vor allem in einer Zeit, da an den Universitäten die Weltrevolution vorbereitet werde! Für dieses Ziel müsse man mit allen seinen Kräften mitwirken und nicht irgendwelche mystischen Märchen ausgraben und neu verbreiten … Wie es mir 1956 ein anderer russischer Dichter und großer Kenner der Tierlegenden, Alexej Remizow, sagte: »Doch der Vogel Sirin wurde zu einem verständlichen Sinnbild für alle Künstler. Gerade diese Menschen waren überzeugt, daß keine gewaltsame Umwälzung unsere Erde im guten Sinne verwandeln könnte. Sie erwarteten das Glück, das Paradies, nur durch das Finden der inneren Seelenkräfte.«

Sirin wurde gerade unter den gebildeten Flüchtlingen der Sowjetunion zum Sinnbild unserer schönsten Sehnsucht. Häufig hatten die Kinder der in bitterster Armut lebenden Heimatlosen erstaunliche Träume. Bilder aus dem verlorenen Land, das sie selbst nie geschaut hatten, stiegen in ihnen auf. Wenn sie dann am Morgen davon erzählten, flüsterten die Eltern andächtig: »Der Vogel Sirin sang es ihnen.«

Meine Mutter schrieb noch 1942 ein Gedicht, in dem eine einsame Flüchtlingsfrau dem Vogel der Freude zuhört. Er verkündet der Unglücklichen, versunken im Wachtraum, das baldige Ende von Trübsinn und Zweifel. Über ihrem Haupt kreisend, spricht Sirin in Lauten, die von allen Seiten zu tönen scheinen: »Er ist dein Bräutigam, dein Falke, dein Fürst.«

Diese Ausdrücke bedürfen einer Erklärung. Sie stehen seit jeher im griechisch-slawischen Osten für das Hochgefühl der Liebe: Gerade mit »Falke« und »Fürst« redete man einst den Geliebten an, von dem man erwartete, daß er die große Erfüllung bringe. Man war überzeugt: »Gott selber und die Gottesmutter, die Sterne am Himmel« hätten ihn dem Mädchen zugesprochen. »Ihn« auf Erden zu treffen sei eigentlich das Erhabenste, das ein menschliches Wesen zu erwarten habe.

In den Hochzeitsliedern der Slawen, Rumänen und Neugriechen wird die Verlobung und Ehe buchstäblich »na nebessach«, im Himmel geschlossen. Man nennt Braut und Bräutigam bei diesem Anlaß Fürstin und Fürst, gelegentlich auch Kaiserin und Kaiser. Manchmal setzen die Sänger auch alle anwesenden Gäste den Gestirnen, Sonne und Mond gleich. Bei den östlichen Zigeunern nannte man alle Anwesenden bei der Hochzeit »Kinder Gottes«: Auch dies ist ein Ausdruck, den man sonst eigentlich für die Sterne verwendet.

Meine Großmutter pflegte, wenn sie von solchen Bräuchen erzählte, beizufügen: »Natürlich sind solche Ehrungen bei den meisten Liebespaaren völlig übertrieben. Aber sie erfreuen nun einmal auch diejenigen, die in späteren Jahren nur Schlimmes erleben. Es ist für sie schön, mindestens während ihres Festes an das Wunder des großen Glücks zu glauben.«

Wenn aber ein solcher Gesang den Anwesenden »vom ganzen vollen Herzen« zuklingt, dann ist der Sirin, dieser König der Paradiesvögel, in greifbarer Nähe. Wenn seine Flügel wehen, »scheint sogar das Regenwetter freundlich«. Alle Farben steigern sich, werden immer leuchtender. Meine Mutter faßte die Überzeugung vieler Dichter, die sie in Prag und Paris kannte, zusammen: »Sirin ist die Freude selber. Er kommt nicht nur aus dem Himmel, er ist der strahlende Himmel in der Gestalt des strahlenden Vogels! Er verwandelt augenblicklich alles, wenn er naht.«

Hier haben wir wiederum eine Vorstellung, die aus den vorgeschichtlichen Tiefen der Zeiten zu uns kam. Sie hat ganz offensichtlich die ewige Jugend bewahrt, die die Griechen so gern ihren göttlichen Wesen zuschrieben.

Unsichtbare Flügel – für fahrende Musiker

Gefiederte Menschen belebten schon das griechische Theater. Ich erinnere nur an die unsterblichen *Vögel* des Dichters Aristophanes. Die Geschöpfe der Luft kämpfen hier sogar mit den olympischen Göttern um die »Vorherrschaft« im Himmel.

Stämme, die sich als mit den Vögeln verwandt ansahen,

beeinflußten auch die neuere Kulturgeschichte. Eine Zigeunersage, die unter anderen Bercovici anführt, versichert, die Nomaden seien einst geflügelt gewesen. Sie seien frei durch die Länder gezogen und hätten schwerelos deren Schönheiten genossen: Das sei ihre berauschende Lust gewesen.

Aus diesem Grunde bleibe das Wandervolk bis in unsere Gegenwart der ewigen Bewegung treu. Im übrigen stamme aus der gleichen Wurzel seine leidenschaftliche Liebe zu den Anhöhen. Kaum sehe die fahrende Sippe einen Berg, schon steige sie hinauf. Von dort aus erfreue sie sich am Weitblick, der sich vor ihren Augen ausbreitet. Gemeinsam lebe in ihnen die Hoffnung, die »verlorenen Flügel« wiederzugewinnen.

Eine alte deutsche Ableitung versteht das Wort »Fahrendes Volk« gar nicht im Sinn von Nomaden. Der Ausdruck »Fahren« bedeutet demnach die Fähigkeit des Fliegens. Unter den Fahrenden lebe eben die Kunst »auszufahren«, mit dem Geiste in Gedankenschnelle durch die Lüfte zu reisen. Das sei ein Hauptgeheimnis des Volkes, das es »in seiner Wandertasche« aus der Ferne mitgebracht habe: Von ihm hätten auch die Hexen das »Fliegen« erlernt.

Möglicherweise haben die Zigeuner ihre Sage von den Vogelmenschen aus ihrer fernen indischen Urheimat mitgebracht. Die hinduistische und namentlich die buddhistische Kunst schätzt solche Wesen unter dem Namen Kinnaras. Sie gehören zu dem in der asiatischen Überlieferung altbezeugten Feenvolk der Gandharven: Hier haben wir Geschöpfe, die als halbgöttliche Wesen gelten wie etwa im Griechischen die äußerlich recht ähnlichen Sirenen. Lebt auch hier die Erinnerung an uralte Musikantenstämme und deren Götter weiter?

Daß zumindest gewisse Zigeunerstämme gerade von den fahrenden Spielleuten Südasiens abstammen, wurde schon mehrfach vermutet. Zumindest von »fahrenden« Musikern, die als Nomaden herumzogen, hat man in Osteuropa immer versichert: Sie nahmen deutlich die Vögel zum Vorbild. Oft trugen sie auffallend bunte Kleider und ein entsprechend stolzes Benehmen zur Schau. Wenn sie nach einem strengen

Winter in ein Dorf einzogen, jubelte darüber die Jugend: »Der Frühling ist da, die Wandervögel sind da«, hieß es.

Der polnische Schriftsteller Stanislav von Vinzenz sah noch vor dem 1. Weltkrieg in den Bauernhäusern der westlichen Ukraine hübsche Malereien: Auf grünen Ästen hatte der begabte Volkskünstler musizierende und sehr bunte Vögel gemalt. Sie sangen und spielten für Menschen, die unter ihrem Baume munter umhertanzten. In ihren Krallen hielten sie Geigen und ähnliche Musikinstrumente.

Sie waren vom Standpunkt der Anatomie aus nicht gerade naturgetreu gezeichnet. Die Vögel trugen Menschengesichter mit bräunlicher Hautfarbe, außerdem dunkles und langes Haupthaar und goldene Ohrringe. Mit einem Wort, der Künstler hatte sich beim Malen ziemlich sicher die Musikanten aus einem Zigeunerstamm vorgestellt.

Dazu gehört die Überzeugung, die man von Siebenbürgen bis nach Rumänien von den »Fahrenden Geigern« besaß. Ihr Instrument sollte stets von einem Baum stammen, der durch sein langes Waldleben »viel der Vögel gekannt hatte«. Die Töne seien darob, viele Jahre hindurch, sozusagen vom Holz eingesogen worden. Wenn der Geigenbauer die »richtige« Überlieferung seines Handwerks kenne, wüßte er um den uralten Zauber: Kaum beginne der gute Musiker die Saiten zu streichen, schon könne er die zeitlosen Klänge des Waldes hervorholen.

Ich glaube, daß wir hier auf eine Überlieferung der alten Volkskunst stoßen. Auch vom großen italienischen Geigenbauer Stradivarius gibt es eine ähnliche Sage. Angeblich soll auch er den unnachahmlichen Klang seiner Instrumente dem großen Berufsgeheimnis verdanken, das er durch seine engen Beziehungen zu Zigeuner-Musikern gewonnen hat.

Zu solchen alten und neuen Sagen gehört auch die vom Erlernen des »echten« Spielens. Es sollte noch heute unter den Nomaden »der gute Brauch« sein! Bekannt war er unter den Familien der guten Musiker, die im 18. und 19. Jahrhundert zwischen Wien und St. Petersburg herumzogen: Die Jugendlichen sollten sich mit ihren Instrumenten in noch unberührte Wälder zurückziehen, also in eine Umwelt, die ein Kunstwerk des Schöpfers war; in der höchstens das Blätterrauschen und das Murmeln der klaren Quelle den Gesang der Vögel begleitete.

Dort lauschten die jungen Menschen in den Wohlklang ihrer Umgebung hinein. Das geschah selbstverständlich vor allem in der beglückenden Zeit, wenn sich die gefiederten Sänger in ihren Liebestaumel hineinsteigerten. Mit ihnen spielten nun die Geiger um die Wette. Einige von ihnen sollen es verstanden haben, den Sängern im Gebüsch auf ihre Rufe zu antworten: Diese seien darauf ihrerseits wieder auf die Töne der Musiker eingegangen. So sei ein richtiges musikalisches »Gespräch« zwischen den Vögeln und den bei ihnen lernenden Menschen entstanden.

Später konnte ein solcher Musiker sogar im strengen Winter des kalten St. Petersburg aufspielen. Seine Hörer fühlten sich, besonders wenn er die »Waldweisen« erklingen ließ, »wie entrückt«. Es war ihnen jedesmal, als seien sie für Augenblicke in einem fernen Wald: In diesem sei gerade die muntere Liebeszeit der Singvögel angebrochen. Bei solchem Kunstgenuß hatten sie noch lange das Gefühl, als sei in ihrem Herzen ein neuer Frühling erwacht.

Ähnliche Wunderwirkungen schrieb das Altertum der Musik des Waldgottes Pan und seines Nymphenvolks zu. Vielleicht hat der Sagensammler Bercovici in einer Beziehung recht: Zumindest gewisse Zigeunerstämme lebten schon in vorchristlicher Zeit im griechischen Kulturkreis. Von hier besäßen sie darum einen Teil ihrer Überzeugungen.

Papageno durchwandert Österreich

Voller Anspielungen auf die griechisch-ägyptischen Überlieferungen ist die *Zauberflöte* von Wolfgang Amadeus Mozart. Ein echter Vogelmensch ist Papageno; er besitzt nicht nur Federn, sondern sein ganzes Wesen atmet schwerelos Musik und Liebesfreude.

Er entstammt in dieser ersten deutschen Oper dem Reich der »sternflammenden Königin der Nacht«. Diese hohe Dame besitzt bekanntlich ebenso Züge einer antiken Mondgöttin wie auch einer mächtigen österreichischen Hexenfrau aus dem Mittelalter. Wenn man den Worten von Papageno oberflächlich lauscht, unterschätzt man ihn. In ihm ist die ganze Macht und Musik der Natur, ohne die der Prinz nie seine Geliebte gewinnen könnte. Mozart hat zweifellos in dieser Märchengestalt seine Liebe zur Musik der Vögel verkörpert; dazu auch seine Zuneigung zum Fahrenden Volk, wie es damals durch Wien strömte. Sicher gingen aus diesen Wanderern manche der einst vielgenannten Vogelsteller und Vogelhändler hervor. Man schätzte diese Menschen in den Städten des 17. und 18. Jahrhunderts nicht weniger als in der Antike.

Obwohl man sich meist viel Mühe gab, die gefiederten Musikanten in den Wohnungen liebevoll zu halten, entstand daraus sicher viel Quälerei. Doch wir müssen unsere Vorfahren einigermaßen verstehen und entschuldigen. Das »junge« Bürgertum, das in engen Straßen lebte, fühlte sich mit seinem Herzen eigentlich noch zur grünen Landschaft, aus der es stammte, hingezogen: Die Gärtchen hinter den Häusern und die Singvögel in den hübschen Käfigen waren ein allgemeiner Trost. Ohne ihn hätte man sich »durch die Stadtmauern eingeschlossen«, wie in Gräbern gefühlt.

Von den so ungeduldig erwarteten Vogelhändlern wußte man, daß sie ihren kleinen Zöglingen erstaunlich nahestanden. Namentlich wenn sie gleichzeitig auch Vogelsteller waren, mußten sie die so verschiedenartigen Klänge der Natur »fast wie die eigene Sprache« beherrschen. Bechstein versichert uns: »Doch wie bekannt, sind ja die Locktöne bei den Vögeln, vorzüglich bei den Stubenvögeln, nach besonderen Leidenschaften und Bedürfnissen verschieden. Diese Sprache muß nun der Vogelsteller verstehen, wenn er seines Fanges gewiß sein will.«

Die Vogelhändler trugen einen Käfig auf dem Rücken. Wenn sie in einem Dorf auftauchten, pfiffen sie mit viel Geschick den kleinen Gefangenen vor. Wenn diese gesund waren und auf den Laut des Menschen frisch und fröhlich antworteten, war dies die allerbeste Werbung. Seit dem 17. Jahrhundert gab es sogar eine berühmte Kanarienzucht im Tiroler Inntal: Von hier zogen die Vogelhändler in alle Welt, bis nach London, ins nordische St. Petersburg und bis ins türkische Konstantinopel.

Man behauptete, diese Tiroler hätten ihren Gefangenen wahre Kunststücke beigebracht. So hätten die gefiederten Fremden, ursprünglich Sprosse der Kanarischen Inseln, überall die Volksweisen von Tirol aufklingen lassen. Diese Wanderer mit Vögeln wurden in Europa zu ähnlichen Märchengestalten wie der gefiederte Papageno selber: Dies erklärt etwa den Welterfolg der Operrette *Der Vogelhändler*, die in Wien Carl Johann Adam Zeller (1842–1898) erschuf.

Schon Aelian bezeugt uns für das Altertum, wie solche Menschen »ihren« Vögeln auch innerlich nahestanden: »Ist eine Eule vom Vogelsteller gefangen, so bezaubert sie ihn so, daß er sie herumträgt, als wenn sie sein Schätzchen wäre. Nachts wacht sie für ihn und zieht durch ihre bezaubernde Stimme Vögel an. Bei Tag treibt sie Albernheiten und schneidet solche Fratzen, daß die Vögel ganz verblüfft vor ihr haltmachen und nicht vom Fleck können.«

Die Geschichte über den »Zauber«, den die Vogelsteller so erlernten, enthält einen wichtigen Hinweis. Die »Liebe« zwischen Mensch und Vogel leistete sicher einen Beitrag zum zähen Aberglauben, besonders aber zur Überzeugung, daß die Fahrenden und das Hexenvolk gern in die »Maske« von Eulen schlüpfen. So machten es die menschlichen Geister, wie wir schon sahen, jeweils auf ihren Traumreisen – selbstverständlich gelegentlich auch nach ihrem Tod.

Der feste Glaube an die besondere Zuneigung der Vogelsteller zu den Eulen überlebte ein ganzes Zeitalter. Der Tierkenner Lenz stellt im 19. Jahrhundert nicht ohne Staunen fest, daß Aelian auch im zeitgenössischen Italien das gleiche hätte schreiben können. Wahrscheinlich liegt also in den Angaben des Altertums kein Märchen vor. Hier sind Erfahrungen, die wir nur darum bezweifeln, weil wir einen sehr alten Beruf heute nicht mehr kennen. »Der italienische Vogelsteller hegt und pflegt sein Käuzchen auf alle Weise. Er hat es möglichst immer bei sich.«

Die Angehörigen von fahrenden Berufen hat man nicht nur wegen ihrer musikalischen Gaben sehr häufig mit den Vögeln verglichen. Gerade von den berühmten Zigeunerstämmen des russischen Zarenreiches erzählte man mir: »Im Sommer, wenn alles aufblühte, zogen sie nach dem Norden, nach Moskau, St. Petersburg, Budapest oder Wien. Im Winter aber lebten sie in der Wärme, an den südlichen Küsten von Moldawien, in der Krim und im Kaukasus. Wenn sie die Zugvögel über sich schweben sahen, namentlich die Wildgänse, bejubelten sie diese als ihre Geschwister.«

Man sagte von diesem Volk im Waldviertel: »Die Vögel sehen alle Länder und deren seltsame Wesen. Leider können sie davon nur singen und nicht reden ... Gott sei Dank haben wir die fahrenden Musiker – sie spielen nicht nur zum Tanz auf! Sie erzählen uns auch alle die Wunder, die sie und ihre Vorfahren auf ihren Wanderungen durch die weite Welt schauen.«

Die Überlieferungen versichern, daß sich auch viele Tanzschritte aus den oft so wundersamen Liebespielen der Vögel entwickelten! Wenn wir die stolze Pracht der rosaroten Flamingos in der Camargue bewundern, glauben wir sogar einer Sage der Gitano-Nomaden: Der geheimnisvolle »Flamenco« erhielt von hier entscheidende Anregungen. Er sei demnach ebenfalls unter Menschen entstanden, die sich mit ihren sämtlichen Sinnen in die Natur hineinfühlten.

»Wir besitzen unsere unsichtbaren Flügel«, das wissen noch die Menschen, die solche Geschichten erzählen: »Vergessen wir dies ganz und gar, so verdammen wir uns selber zu Schwermut und Trübsinn.«

Anmerkungen

Das Märchen der Kaiserin Elisabeth bei A. Amfiteatrow, Schar-Zwet (Feuervogel), Berlin 1922 (1. Aufl. 1895).
Musizierender König David, vgl. Detail aus der Rothschild-Handschrift (Italien 1470–1480). Y. Fischer, Meisterwerke im Israel Museum, Firenze 1989.
Zur Beschäftigung des 19. Jahrhunderts mit »esoterischen« Traditionen: E. Schuré (1841–1929), Les grands initiés, Paris 1888.
Zum Jahrmarktszauber um »Haarmenschen« u.s. H. Schugl, Show Freaks ... Köln 1974.
Nymphen der Quellen: *Mystik der Ukraine:* A. Dostojewski, München 1920, S. 22 f.; Amfiteatrow, Schar-Zwet, S. 268.
»Griechisches« im Alpenraum: J. G. Altmann, Oratis de antiqua Helvetia graecissante, Bern 1735; H. Affolter, Un jurisconsulte bernois ... Thèse, Solothurne 1947.
Meer-Nixen, Nereiden, Tritonen: H. O. Lenz, Zoologie der alten Griechen, Neudruck Wiesbaden 1966, 252 f.; Merrien, S. 157 ff.; Costello, S. 50 ff.; Musäus, Volksmärchen d. Deutschen, Bd. 1, Gotha 1782; A. Dumas, Les mille et un fantômes, Paris 1849–1851; A. Strindberg, Am offenen Meer, 5. Aufl., München 1912, S. 120 f.
Satyre, Faune, Ziegenleute: *Kultische Ziegenbekleidung:* A. Crowley, Moonchild, Berlin 1983, S. 155 ff.; A. O. Spare, Gesammelte Werke, Wien 1990, S. 284; W. Hertz, Spielmanns-Buch, 2. Aufl., Stuttgart 1900, S. 17; W. Dancker, Unehrliche Leute, Bern 1963, S. 218 f.; G. de Francesco, Die Macht des Charlatans, Basel 1937, S. 83 f.
Urgestein: F. J. Stalder, Versuch eines schweiz. Idiotikon, Bd. 1, Basel 1806, S. 437 f. J. G. Adelung, Grammatisch-kritisches Wörterbuch ... Bd. 2, Leipzig 1796, S. 510.
Ziegenkraut, Alpenmilch: T. Tabernaemontanus, New ... Kräuterbuch ... Der Ander Teil, Frankfurt 1613, S. 371; Dostojewski, S. 170.
Yetis: Hitching, S. 48–52, 232 ff.

Zu den »Netotsi«: C. J. Popp-Serboianu, Les Tsiganes, Paris 1930, S. 53, 339; S. A. Wolf, Großes Wörterbuch der Zigeunersprachen, Mannheim 1960, S. 161.
Jakutische Mammutjäger: Rätsch, S. 185 f.; Shackley, S. 159 ff.; Bord, Mysteries, S. 302 ff.; Biedermann, S. 48 ff.
Menschen-Bären: *Bärenahnen der Slawen:* N. Roerich, Leben und Werk ... Hrsg. J. Decter, Basel 1989, S. 52, 83, 167.
Entstehung des Berner Lebkuchens: Der schweizerische Beobachter, Jg. 2, Bd. 2, Bern 1809, S. 96.
Werwölfe: O. M. Somow, Byli i nebylizi (Wahrheiten und Unwahrheiten), Moskau 1984; Höfler, Bd. 1, S. 22 ff.; J. N. Sepp, Orient und Occident, Berlin 1903, S. 188 f.; Finné, S. 31. Vgl. B. I. Rakoczi, La roulotte initiaque, Paris 1967, S. 132 ff.
Vampire: U. a. Handwörterbuch des deutschen Aberglaubens, Bd. 2, Jena 1929, S. 1579 ff.; W. Eberhard, Lexikon chinesischer Symbole, Köln 1983, S. 88; J. B. Friedreich, Die Symbolik und Mythologie der Natur, Würzburg 1859, S. 384.
Katzenvolk: *»Hexentanz auf dem Blocksberge«* in: C. Niessen, Das Rheinische Puppenspiel, Bonn 1928, S. 201 ff.
Zum Strahlenfühlen der Katzen: Bereits M. Moecke, Hilfe gegen schädliche Erdstrahlen, Stuttgart 1933, S. 16.
Hl. Verena: R. Müller, Katzenmuseum, Aarau 1987, S. 24.
Müller und Außenseiter: U. Hostettler, Anderi Lieder, 2. Aufl., Bern 1992, S. 46 und 181; Handwörterbuch 6, S. 617.
Behufte und Gehörnte: *Vgl. Onoscelen-Vampire:* Finné, S. 26 f.
Die Schlangenrasse: N. Roerich, S. 97 ff.; Musäus, Bd. 1, S. 164 bis 240. *Besonders* Thüring v. Ringoltingen, Melusine, Hrsg. H. G. Roloff, Stuttgart 1969. Vgl. L. Röhrich, Erzählungen des späten Mittelalters ... Bd. 1, Bern 1962. G. Krek, Einleitung in die slawische Literaturgeschichte, 2. Aufl., Graz 1887, S. 644 f.
Die Herrschenden der Tiefen: Lenz, 148; Friedreich, Bd. 2, S. 508 f. *M. Oettli, »Träume als Erinnerungen an unsere Vorgeschichte«, in:* Naturwissenschaftlich-technisches Jahrbuch, Bd. 2, Zürich 1920, S. 307 ff. *Zur Verbreitung des Lovecraft-Kults vgl.* The Esoteric Order of Dagon, Hrsg. Soror Azenath, Oregon 1987.
Im Reich der Lüfte: *»Räuber Nachtigall« und Urbevölkerung:* O. Miller, Ilja Murometz ..., St. Petersburg 1869, S. 277; A. Amfiteatrow, Zorja russkoi schenschiny (Morgenröte der russischen Frau), Belgrad 1929, S. 102–227.

Spielleute im Federkleid: *In der modernen russischen Mystik können Wesen gleich den Märchen-Sirin dem Seher als »echte« Bewohner der Astral-Welten erscheinen!* Vgl. D. Andreew (1906 bis1959), Roza mira, Moskau 1991, S. 60. *Zigeunersage über die Flügel der einstigen Nomaden:* K. Bercovici, The Story of the Gypsies, New York 1931, S. 22 f. »*Flamenco wurde ein Sammelbegriff für alle Musik, die den Zigeunerstil nachahmte ... In der heutigen Umgangssprache nennt man gern alles, was glänzt und lebhaft ist, flamenco ...*« W. Starkie, Auf Zigeunerspuren, München 1957, S. 76.

Bibliographie (Auswahl)

Beispiele moderner phantastischer Traditionen

Bord, J./C. Bord: *Modern Mysteries of the World,* London 1989.
Fort, C.: *The Books* ... New York 1944.
Hitching, F.: *The World Atlas of Mysteries,* London 1978.
Lexikon des Fantasy Films: Hrsg. R. M. Hahn (u. a.), München 1986.
G. Lord: *The Last Celt* (R. E. Howard), West Kingston 1976.
Lovecraft, Ueber H. P.: Hrsg. F. Rootensteiner, Frankfurt 1984.
Müller, W. H.: *Lovecraft* ... Bergen 1992.
Necronomicon, The: Hrsg. C. Wilson (u. a.), Jersey 1978.
Necronomicon, The: Hrsg. Simon, New York 1980.
Valiente, D.: *The ABC of Witchcraft* ... New York 1973.

Sagentiere, Tiersagen, Tiermenschen

Abel, O.: *Vorzeitliche Tierreste* ..., Jena 1939.
Attenborough, D.: *Fabulous Animals,* London 1975.
Burton, M.: *Animal Legends,* New York 1957.
Coomaraswamy, A. K.: *Yakshas,* 2. Aufl., New Delhi 1980.
Costello, P.: *The Magic Zoo,* London 1979.
Duchaussoy, J.: *Le bestiaire divin* ... Paris 1957.
Dumézil, G.: *Le problème des centaures,* Paris 1929.
Hoenn, K.: *Artemis, Gestaltwandel einer Göttin,* Zürich 1946.
Ley, W.: *Exotic Zoology,* New York 1987.
Mode, H.: *Fabeltiere ... in der Kunst,* Leipzig 1973.
Schöpf, H.: *Fabeltiere,* Graz 1988.
Zbinden, E.: *Die Djinn des Islam* ..., Bern 1953.

Nixen und andere Wasserleute

Benwell, G./A. Waugh: *Töchter des Meeres,* Hamburg 1962.
Carrington, R.: *Die Unsterblichen,* München 1977.
Evans Wentz, W. Y.: *The Fairy-Faith in Celtic Countries,* London 1911.

Fielding, X.: *Das Buch der Winde,* Nördlingen 1988.
Landrin, A.: *Les monstres marins,* Paris 1867.
Merrien, J.: *Le légendaire de la mer,* Paris 1969.
Monnier, D.: *Le culte des esprits dans la Sequanie,* Lons 1834.
Parker, D./J. Parker: *Mermaids ...,* London 1957.
Schrader, H.: *Die Sirenen,* Berlin 1868.

Yetis, Faune, »Bärenvolk«

Barker, R./A. Riches: *A Dictionnary of Fabulous Beasts,* New York 1972.
Bord, J./C. Bord: *Bigfoot,* London 1982.
Bernheimer, R.: *Wild Men in the Middle Ages,* Cambrigde 1952.
Biedermann, H.: *Wunderwesen – Wunderwelten,* Graz 1980.
Green, J.: *On the Track of the Sasquatch,* Agassiz 1968.
Green, J.: *Year of the Sasquatch,* Agassiz 1970.
Hall, A.: *Monstres and Mythic Beasts,* London 1975.
Napier, J.: *Bigfoot ...,* London 1972.
Rätsch, C./H. J. Probst: *Namaste Yeti,* München 1985.
Sanderson, I. I.: *Abominable Snowmen ...,* Philadelphia 1961.
Shakley, M.: *Und sie leben doch,* München 1983.
Tchernine, O.: *The Yeti,* London 1970.
Volmar, F. A.: *Das Bärenbuch,* Bern 1940.

Vampire, Werwölfe

Calmet, A.: *Verhandlungen von Vampiren,* Hrsg. W. Bauer, Hamburg 1976.
Faivre, T.: *Les vampires,* Paris 1962.
Finné, J.: *Bibliographie de Dracula,* Lausanne 1986.
Florescu, R./R. McNally: *Dracula,* London 1974.
Hertz, W.: *Der Werwolf,* Stuttgart 1862.
Höfler, O.: *Kultische Geheimbünde ...,* Frankfurt 1934.
Leubuscher, R.: *Werwölfe und Tierverwandlungen ...,* Berlin 1850.
Montague, S.: *The Vampire in Europe,* New York 1968.
Ronay, G.: *The Dracula Myth,* London 1972.
Vadim, R.: *Histoires de vampires,* Paris 1961.
Villeneuve, R.: *Loups-Garous et Vampires,* Paris 1963.

Die bereits in der Bibliographie von Sergius Golowin, *Gemeinsam im Garten Eden* (Sphinx-Verlag 1993), angeführten Werke sind hier weggelassen.

Abbildungsverzeichnis

€ 3,–

Das Buch

Aus Transsylvanien, Sibirien, den Alpen, dem Mittelmeerraum – woher kommen diese Wesen, halb Mensch, halb Tier, die die Völker seit Jahrtausenden beschäftigen?

Märchen und Sagen, unsere ganze Kultur ist nicht denkbar ohne das Phänomen der Tiermenschen. Die abenteuerlichen Mischwesen haben seit jeher die Phantasie der Menschen beschäftigt und auch heute, in einer scheinbar rationalen Welt, nichts von ihrer Faszination und ihrem Schrecken verloren. Woher beziehen diese Wesen ihre Kraft, und welche Botschaften haben sie für uns? Golowin geht diesen Fragen nach und fördert eine ganze Reihe erstaunlicher und interessanter Antworten zutage. Angefangen bei ägyptischen und griechischen Überlieferungen bis zu Märchen wie *Der Froschkönig* erforscht er die Natur der Nymphen, Nixen, Kentauren, Yetis, Vampire, Faune und vieler anderer skurriler Wesen aus dem Zoo der menschlichen Phantasie.

Der Autor

Sergius Golowin, mittlerweile weithin bekannt dafür, daß er sich dem Bewahren von mystisch-magischen Überlieferungen verschrieben hat, wurde 1930 in eine Familie geboren, in der die Liebe zu diesen Überlieferungen eine lange Tradition hat. Er widmet sich bis heute der Erhaltung von fast vergessenen Weisheiten, denen er zwischen Schwarzem Meer und Mittelmeer, Karpaten und Alpenland überall nachgeht und die er für den »modernen« Menschen zu neuem Leben erweckt. Sergius Golowin lebt mit seiner Familie heute in der Nähe von Bern.